桃園西門町風華

博愛老街文史紀錄

陳　維　編著

文史哲學集成
文史哲出版社印行

國家圖書館出版品預行編目資料

桃園西門町風華：博愛老街文史紀錄 /陳維編
著-- 初版.-- 臺北市：文史哲, 民 105.12
頁；　公分
ISBN 978-986-314-347-5（平裝）

1.人文地理　2.老街　3.桃園市

733.9/109.4　　　　　　　　　　105023128

桃園西門町風華
博愛老街文史紀錄

編 著 者：陳　　　　　　　　維
出 版 者：文　史　哲　出　版　社
　　　　　http://www.lapen.com.tw
　　　　　e-mail：lapen@ms74.hinet.net
登記證字號：行政院新聞局版臺業字五三三七號
發 行 人：彭　　　正　　　雄
發 行 所：文　史　哲　出　版　社
印 刷 者：文　史　哲　出　版　社
臺北市羅斯福路一段七十二巷四號
郵政劃撥帳號：一六一八〇一七五
電話886-2-23511028・傳真886-2-23965656

定價新臺幣四〇〇元

2016 年（民一〇五）十二月初版

自　序

　　筆者為源成家族陳培聰先生的長孫女,小時便在中山路上的源成餅店長大,對面是舅舅開的人人書局,民國 65 年開設,是桃園第一家書店。舅公原先在台北重慶南路書店街,開了文翔書局與出版社,舅舅在書店上班,同時期高雄也開了同名書店,後來外婆過世,舅舅便回桃園開書店,舊址在後來諾貝爾書城處,好就近照顧弟妹。筆者兒時常到後面的博愛老街,找國小同學玩耍,也是鴻翔旗袍張師傅的女兒。過年時、升國中時期,須穿新鞋的時節,皆會來此,尋一雙好鞋,健民潤餅更是自小吃到大的好滋味。本書不只是桃園西門町的文史紀錄,也是筆者兒時的點點滴滴,或許也同時回顧了,老桃園人的集體記憶,博愛老街沒落後,這份成長的紀錄與爬梳,尤顯珍貴。

　　本書分為四部分。第一部分為博愛老街文史、產業人物紀錄,分別採訪了百年品芳食堂、桃園首位現代舞蹈家簡子愛園長、桃園唯一的素食糕餅行源成糕餅、藝術攝影日光照相館、傳承三代的古早味健民潤餅、桃園僅存的手工旗袍鴻翔旗袍行、桃園首間商務旅館大爵飯店,以及博愛老街活化顧問林進興老師。各篇採訪前,

皆附上相關詩作與老照片，以詩的角度，詮釋老街歷史與人物。

第二部分以 1938 年的桃園街大廟口與博愛路為中心，所進行的古地圖街景還原與文史研究，藉由歷歷在目的畫面，帶我們回到老桃園栩栩如生的舊時記憶。

第三部分為桃園城大廟街文化巡禮，包括博愛老街附近古蹟廟宇介紹，如開漳聖王景福宮、文昌廟、西廟（城隍廟）、義民廟，以及桃園市區土地公信仰介紹。

第四部份為影音光碟，將人物採訪與珍貴的老照片，以重點剪接精采呈現，從人物影像，想見當年風采。

此書得以完成，深為感謝桃園圖書館出版補助、博愛老街邱愛香里長、林進興老師、大爵飯店張得均經理擔任顧問，國立台北商業大學陳潔瑩主任擔任美術顧問，以及吳智慶老師帶領的桃園城大廟街文化巡禮、成大建築所碩士藍博瀚同學進行的老街史圖文考察、以及我的學生王筱琪、林家瑩同學繪製插畫，洪渝浚設計師設計影音光碟，以及文史哲出版社彭雅雲女士傾力幫忙，集眾人之力，方得以順利完成。

最後不忘感謝摯愛的祖母古蓮妹女士，以及小叔陳正修先生，給予我的教導與愛護，這本書終於以我自己的方式，寫滿了你們的名字。願您們在天上，感到喜悅欣慰。

　　　　　　　　　　　　陳　　維 2016.11.11

桃園西門町風華

博愛老街文史記錄

目　　次

博愛老街文史產業人物紀錄

大　廟

開疆闢地的廟宇，自乾隆年間分香而來
東城門、西城門
南城門、北城門
護城河悠悠守護
桃花源的子民

古堡裡的開漳聖王
鎮守近三世紀，如如不動
傳統節慶袮在那裏
四時流轉袮依然坐定
風聲鶴唳中，改朝換代
仰頭見袮，心，便安然
如籤詩裡的啓示

桃 園 景 福 宮

善解了歷代子民的流離與血淚
安穩了，川流不息的商旅，漂泊的記憶——

（詩：陳　維）

小 白 花

古老門扉的熟悉召喚，我
踏入古都的記憶
交錯時空中，漫遊心內的風景
荒涼角落傳來，怯怯的
問候：「今天，你好嗎？」
一朵小白花
兀自安靜地快樂著

我用輕得不能再輕的，溫柔
拾起落入有情大地的一朵
落單的花朵，放入
靠近心房的口袋，陪我
一起工作、生活、旅行

在月光帶著多情的秘密
入夢的時刻，總讓我憶起
深埋在左心房更深處的
你，如一朵小白花
在愛的廢墟中
盈盈發亮

博 愛 老 街

（詩：陳　維）

專訪博愛老街活化顧問
林進興老師

紀錄：陳　維

以認同、參與、創造三心法回復
桃園西門町昔日風華

　　林進興老師，曾擔任台北市政府商業處商圈顧問團副總召，退休後投入社會文化活動再造。問起與博愛商圈的連結，林老師說是因緣際會，兩年前與博愛商圈毫無牽涉，於桃園經發局文創競賽期間來到大爵飯店，與商圈人士接觸後，認為老街有相當潛力，可利用文化模式，再造商圈。林老師在訪談中說到，台北市 59 個商圈，各個皆須活化，以創造新經濟，於是發想，與 2-30 位好友，一同投入商圈輔導，歷經三四年的努力，發現商圈開始同質化，賣的東西、辦的活動，主要訴求，皆大同小異，林老師與友人認為，這並非社會經濟發展的好現象，於是希望以社區再造的概念，導入博愛商圈，以文化為基礎，促進商業經濟發展。

　　老街區有文化底蘊，不同於市區重劃後的商圈，因缺乏文化，難以發展。若以社造基礎進駐，可以六個字，進行商圈自主再造，亦即：認同、參與、創造。第一讓

參與者認同：我們認同這樣是對的，我們認同這樣是可以投入的，先認同，才會發展到第二階段，不是旁觀鼓掌，而是全心投入，才叫參與，才會貢獻自身擁有的能力，最終會創造出一種新的，不同於往昔的樣貌。

　　第一階段的認同，必須以過去的輝煌與文化，讓老街區裡的老鄰居，勾起他們光榮的記憶。而喚起認同的過程，可利用大爵飯店，舉辦許多社區工坊，也整合了許多學術界專家，包括中原大學黃文宗教授，與台北教育大學的林義斌教授，帶領他們的學生，認同老街昔日風華，以及獨有的文化歷史深度，共同探究文化底蘊為何，親自拜訪每一家店家，因文化最易感動人，優質的歷史文化，總能讓每個人感動。尤其當採訪設計老店家時，甚至有許多街區老人家全力投入。林老師與參與者，曾在大爵舉行提案會議，以中原大學為基礎，提出了十四組如何復興街區的提案，當時共有八十餘位老鄰居出席，有些離開這裡甚久，專程從台北趕回與會，這情景確立了以文化復興商圈的要務。在認同的前提之下，需有實質行動讓鄉親老鄰居，或延伸的人脈關係投入參與。行動力，是商圈復興的關鍵所在，否則一切便淪為口號。

　　對於十四組學生的提案，林老師認為，一開始深度不夠，因為多只研究一兩周，便須提案。每一家店家，對其父執輩與先人的事業如何轉型活化，殷切期盼，如保安堂中藥行，學生給予了 kuso 的想法，加入改變的元

素；再如大爵飯店對面的莊松河醫院，昔日在博愛路負有盛名，學生認為可轉型為青年旅店，後代莊醫師也特意回來聆聽，感受到學生的熱情，也認同學生改造的想法，甚至幽默說，只要別改造成恐怖醫院就好。

　　除了學生提案，博愛老街也利用市政府資源，將文創輔導專案的結論，亦即十二家優勝店家，鼓勵其在博愛老街設立實質店面，讓文化創意在博愛路落地生根。這些小店家有共通性的問題，如規模太小，經營事業太小，請不起店員，亦無法常態性負擔房租，於是便以共有共享的概念，盈虧讓大爵飯店自負，進駐廠商以賣出抽成的比例，來維持店面生存。文創商店試營運期間，造成街區轟動，有七、八十歲的老人家，特地到店裡，只為購買一張文創明信片，人人口耳相傳，希望文創商店能經營長久些，第一個月十幾坪的店面，便創造出近二十萬的營業額。一個月後，試營運帶來信心，於是擴大活動，目的是社區再造的第二目標：參與。

　　除了創作者、鄰居，希望街區以外更多的人，也能參與。於是規畫了博愛文創商店開幕式，效果超乎預期。桃園鄭文燦市長，帶領局處主管，全體參與封街開幕。讓實際執行與外圍呼應者的外部力量，給老街坊更多的認同鼓舞。

　　當時市長深受感動，對這全無使用公部門補助，完全街區自主出資，為期兩天的封街開幕儀式，當場承諾一個月後，舉行年貨市集，希望喚回博愛老街昔日繁榮

樣貌。博愛老街不曾舉辦年貨大街，因昔日店面眾多，人潮聚集，無須封街，今日冷清已久，須以不同方式再造，於是於封街市集中，販售與年貨相關的文創伴手禮與年節禮品。

　　第二階段的成功將帶來社造第三階段：創造。文化復興，不一定要回到古文化。而是以古地區的文化特質重新轉型，變成新文化，這就是創造。早前博愛路不曾封街，因已熱鬧非常，現在要回復往昔的熱鬧，不一定再開電影院或更多飲食店，以新的方法創造，商圈仍可能回復昔日的繁榮。博愛老街在六個月內走完這三個流程，成效顯著。

　　林老師感動之處在於這次封街景象，超乎預期，過去十年雖有投入商圈社區經濟再造的豐富經驗，博愛路卻是全新的經驗，這也與它昔日生意人的文化背景有關。30 年前這裡一棟透天三層樓店面，要價 1500 萬，當時資產雄厚者才負擔得起，如今街區沒落，同一棟公寓，只剩 1200 萬。現在年長者因此地居住環境欠佳，多向外遷移，後代也不一定繼承家業。

　　這次市集擺攤，發覺到兩個令人感動的特色。第一，街區內有些居民，以前做生意營生，血液裡還有做生意的 DNA，因健康需求或興趣而轉型，開發出了新產品，例如這次有兩家攤家，一攤賣玉珮咖啡（銀樓老闆兼賣咖啡），這家店於博愛路全盛時期開了首飾店，專賣金銀首飾與玉珮，現在依舊營業，但博愛街區生意欠佳，

老闆與老闆娘，便開發出了低烘培咖啡，對身體健康有益，以販售咖啡的小生意，與大家分享，此次聽說了年貨大街的擺攤消息，便自告奮勇搶先報名擺攤，也因此可見大老闆在路邊擺攤做生意的景象，雖感靦腆，卻生起前所未有的良好感受。這便是傳統產業轉型之例，使他們能回到博愛老街繼續努力。

博愛老街活化範圍，包括景福宮右側街區，景福宮附近有些店家，非房東後代，而是新店家，但也可以老軀殼，賦予新生命。例如景福宮正右方的珠寶店，創店於 1998 年，已近二十年，老闆娘名叫美華，出生於台南市，嫁來南崁，先生為桃園本地人，除了賣珠寶首飾，也兼做阿拉比卡低烘焙咖啡，林進興老師暱稱為玉珮咖啡。前房東為兩代中藥行老闆，老房東已往生，前房東兒子，畢業於東京帝大，後歸日本籍，名叫福島邦男，本家姓徐，原名徐邦男，現年約 73-74 歲。

福島姓式有其道理，因台灣又稱福爾摩沙。房東長年旅居日本，近年來較常返台，蔣經國時期因是黑名單，曾遭限制入境，無法回台。昔日高階經商享有社會地位人士，或家世顯赫者，才有能力到國外，接近政治組織，博愛老街裡，便存在許多這樣的歷史人物。博愛老街若以人文角度切入，昔日產業崢嶸、生活優渥，後代居民行有餘力，才能從事其他事務，如參加政治或社會運動。

第二點感動之處，則是當時在這裡做生意的人，店面已無用閒置，後代因而移居至桃園其他地區，但畢竟

仍流著家族血液裡的 DNA，這次發掘出博愛路的子弟，在外生意做得有聲有色，是桃園市最大櫻桃進口商，進口阿根廷及智利櫻桃，這次聽說要擺攤，便開冷凍車將幾大箱櫻桃分裝成小盒，在年貨大街販賣，只因這裡是他的出生成長地。

　　在此可以看見，博愛路的復興，不見得必得是店面或街區現在居民，才能參與復興工程，而是以地區認同的概念，認同一地區是自身的祖源地，認同造就了參與，參與帶動了創造，創造能讓更多人產生認同、更多人參與，因而帶動街區復興，這便是林進興老師希望操作博愛路社造的背景與背後精神。

以文史紀錄捕捉老街的歲月光影

　　至於博愛路參與人群，預計擴大到何範圍？林進興老師指出，目前舉辦了三場活動，皆是為了擴大參與舉辦的活動。第一是關於中原大學街區再造的十四組提案，第二是博愛文創商店開幕，第三個活動是年貨封街，皆帶來正向迴響；博愛路的下一階段，希望以文創復興街區，實務上不可避免會面臨兩大人才不足：第一是年輕經營者不足，以保安堂中藥店而言，不可能還要高齡七、八十歲的老店東，出來泡青草茶給大家喝，必須調教年輕人；再來是街區店面復興階段之後，會有許多經營需求。第二則是文化底蘊宣揚人才的需求，如何讓博

愛路舊有文化，不管是曾有過的店面，或是在桃園市曾有如何先進的產業，透過影音圖文紀錄的形式，使其發揚光大，永續流傳。

　　新年度的操作方向，則是希望更多這方面的人才參與。第二部分需文史工作者，與具備學術背景素養的學者專家研究者，對博愛街區有深度文化的產業建築能投入更多，進行挖掘研究。在博愛路文化復興商圈自主議題上，台北商業大學平鎮校區創新經營學院三系所，以職教體系為基礎，讓年輕學生以工讀或實習機會，參與店面經營。至 2016 年二月份，八個月的時間，博愛老街展開了一系列的工作坊，由街區商業協會與學校互動，訂立整年度可執行的方向，其中已有八位學術界博士如陳維博士、林義斌博士、黃文宗博士與陳潔瑩博士投入，提供經驗與資源，幫博愛老街規劃。看見以文化為基礎的產業開始啟動，也願意投入，這部分便會產生正面效果。

　　林進興老師接著提到，社會運動中以文化振興地區產業，必須按部就班，順應環境發展，目前大環境整體經濟不景氣，反而是街區復興的好機會。因越不景氣，選擇機會越少，閒置店面較易取得，對整體方向反而有利。因街區並不寬敞，且考量當時能力有限，這次年貨大街二十攤，只擺設於大廟往西一小段到民族路的地段，先取得好成果，其他街區便會接續靠攏，其中有許多成功因素，如里長與商圈理事長充分配合，無論民意

基礎或商業模式，皆往正向發展。

　　但林進興老師認為，包括博愛年貨大街與近來許多年貨大街，都缺乏特色。以產業概念看年貨大街，存在目的為何？要滿足誰的需求？實務來看，成立買賣市集，要滿足消費者，而年貨大街的消費者，多為兩類，傳統年貨大街的消費者為在地居民，攤商將店家帶到街區，消費者不用至外地購買，可就近採購，類似黃昏市場，所有菜販集中到一地區，讓附近居民採買。第二則為滿足遊客，如風景區附近的市集，也可以年貨大街的形式舉辦，或將原先店內與年貨相關的商品重新包裝，再拿到市集販售，以吸引外地遊客購買，這就是迪化街的年貨大街模式。

　　年貨大街可滿足消費者，也可滿足生產者。因平常眾人不易聚集，藉由舉辦市集，讓商家集中販售，如許多文創工作者、微型企業，無法獨立開設店面，便可利用市集，推廣自家產品。即使滿足了生產者，依舊需考量要賣給誰？在地客或遊客？若賣給在地客，需有購買力，否則仍無生意。若為滿足外地客，為何要來此地購買？有何好吃好玩的活動可吸引人潮？否則若販售的商品居家附近可得，何必來此？年貨大街的同質性現象，使得目前只剩迪化街還保有特色，因其本身南北貨批發的文化內涵，許多年節乾貨，成為禮品販售的項目，定位清楚。其餘年貨大街，定位不清，淪為一般市集的複製模式。

　　而老街市集是否有可能結合當地產業，如皮鞋年貨？林老師對此抱持肯定的態度。如全台最大的皮鞋街，便是位於台北市西門町博愛路附近的沅陵街。舊時過新年須穿新鞋新衣、戴新帽，沅陵街原也利用年貨的概念，擺過幾次年貨大街，但生活習慣改變，傳統思維淡化，人們不再過年才添置新鞋，或因過年而買鞋，沅陵街無法單靠皮鞋為生，進而擺設許多雜貨，卻造成主題印象淡化，成為大雜燴。

以文化創意賦予老街新生命

　　基於以上種種考量，桃園博愛老街年貨大街市集，便產生了兩大訴求。第一以在地居民為主的年貨大街，第二以送禮而非自用，以文創而非食品類為主。其中有十二攤文創攤，八攤食品禮品攤，幾乎都是博愛老街店家，如全桃園最美味的滷味禮盒，老闆是博愛路子弟，後搬到同德十一街，這次透過人脈，邀其回來擺攤。唯一外來攤，則是西門町老爹烘焙坊，提供鳳梨酥、牛軋糖等應景年貨食品禮盒，呼應了博愛老街曾是桃園西門町的形象。兩天市集經過滿意度調查，攤商、居民滿意度高，希望舉辦週期性市集，但因街區市集對現有店家，會產生排擠效應，若由店面拿出商品擺於攤桌，亦無實質意義，市集屬性必須與店面相搭配，通常會互相排斥，除非因人脈血緣文化淵源，互相配合體諒，克服心結障

礙，因反對常源自缺乏過往經驗。例如某家原先反對擺攤的店家老闆，因情境參與了採購，當天竟買了上萬元禮品，準備送禮。由認同，進而參與，下次便可能投入擺攤，進行創造，不能以先入為主之見預設立場，因參與者皆有其專業背景。

　　老街通常分為陰陽兩面，陰面可作文市，陽面可做武市。東方戲院昔日為小吃匯集處，後來整棟被台北投資客介入，十五年來從未出租，活化東方戲院有困難度，必須試著讓樓主認同。這棟大樓近幾年來，平時不作生意，也不讓民眾停車，但這次封街市集，原東方戲院大樓樓主，卻欣然開放讓大眾停車，令人感動。

　　問到博愛路的發展歷程，目前皆是居民自主，將來是否有公部門資源如經費或輔導投入？林進興老師表示，目前博愛路較大的危機在於將來捷運會通車，通車前必然面臨交通黑暗期，會對街區商業動線產生相當干擾，但相信市政府會有因應措施，去疏導商業模式的改變。如桃園觀光夜市、景福宮後會有捷運站，架設圍籬期間交通不便，商圈活動便會受阻，屆時消費者將導引至何處？政府是否有經費投入進行人潮導引？對於這些問題，目前先暫擱，即使公部門經費挹注，也會依照目前既定方向進行，否則便會婉拒公部門經費，繼續創造更多認同，用活動讓更多人參與，創造新的商業模式。

　　再來則是關於建築物都更的問題。關於老街是否會因都更遭公部門拆除重建？林老師認為不會如此快速進

行建築物的改善，依現況判斷，目前政府資源應側重於交通，以交通導引商圈運作，來因應交通方式的改變。但捷運可能帶來龐大商機，使在地居民希望完全更新。包括街區所有權人與投資客，但因背後有更複雜的行政操作，林老師舉一例說明，如台北市的西門町，歷經 80 年，建築物街區並無全面翻新過，只有外圍更新，以應都更需求。舊鐵路拆除後，中華商場也隨之拆除，改為中華路，城牆拆除，改為三線道，三線道改為中華商場，往西走，河灘地區塊的西門町，從未更新。但產業則產生了大幅變化，與時俱變。為何這些建築物不能翻新？則因昔日的建築法規，與今日建築法規，有相當大的差異，無法一體適用。目前看來，桃園博愛路若要翻新，依據新的都市計畫法，道路須拓寬，建築物須拆除，面積只剩一半，因此少有人願意拆除。政府亦不可能徵收所有建築物，統一翻新，即使單價變為兩倍，面積卻變成一半，無異多此一舉。不如走傳統台北西門町的模式，強化建築物後，讓商業行為重新熱絡，提高房租，地價上漲，勝於改建。

今日博愛老街，類似昔日板橋，舊街區無法翻新，於是商業活動移至新街區。桃園市政府導引舊桃園產業，外移至中正藝文特區、中壢站前、中平商圈與中原大學門口，街區沒落導致色情產業進駐，如 30 年前的西門町，街區沒落後流鶯與地下酒家色情氾濫。歷史的演變呈現了一定規則，現今博愛路，如同 30 年前西門町，

30 年後的西門町，有強力的商圈自治組織，規劃了整個商圈的活絡脈動與治安，不該進駐的業種，所有房東集體抵制，因西門町商圈理事會的理監事成員 80%全為房東，房東比起法規，更能有效抵制不良業種。房東有共識與認同，才能將西門町再造為友善商圈。商圈發展諸多事務可在同一層面討論，某一房東若貪圖兩個月的房租，可能使全區房租集體下跌，房東若自我規範，不成為害群之馬，經過十年，地價、房租水漲船高，社區便會越趨亮眼。博愛路商圈發展協會，80%同樣由地主房東組成，有同樣發展潛力。

老桃園文史漫步

因商圈無法獨立存在，博愛老街也會與鄰近的新民老街串接。整個桃園站前，景福宮大廟周遭直到火車站，分別發展成數個不同聚落，皆與文化有所關聯。不同於中正藝文特區，後者為土地重劃後，後天產生的商圈，缺乏傳統文化的底蘊，亦無社會規範，文化其實是無形規範。而景福宮後方，有幾十年來販賣果菜的傳統市場，適合形成夜市，消費者亦知悉，於是形成了聚落，無論經營者為誰，夜市特色始終如一。景福宮前包括博愛路、中山路，是昔日最為繁華熱鬧的地段，農業時代與工業時代前期，必然成為辦嫁妝、訂做衣服等人生喜事的聚落，如台北市最熱鬧的綢緞莊與銀樓，亦在台北博愛路，

同時成為喜餅街。西式婚紗興起較晚，於是旗袍街便在此蓬勃發展，皮鞋街更因而興起。

　　再往火車站走，爬梳舊桃園輪廓，博愛街是舊時嫁妝街，新民街則是高檔飲食店，舊稱食堂街，成功路則是新興區域，因有文昌廟與桃園國小，校門前學生眾多，所以成功路補習班集聚於此。中山路昔日曾是書店街，近年來全台實體書店沒落，獨立書店因而興起。成功路因補習班眾多，於是這裡出現了許多年輕人與年輕父母輩，因而產生了茶飲街現象，如二樓茶自點等簡單餐飲。從成功路再往火車站走去，兩旁成為年輕人喜愛的運動用品街與服飾街。靠近火車站處，3C 商品充斥，與鄰近的百貨公司，百貨公司後則是移工聚集處，有兩條街是東南亞飲食攤。從火車站到大廟，約有 1200 家店面，可歸納為十個亮點聚落，若將商圈串接，可在桃園站前商圈，設計出一套一日遊行程，不必然是購物行程，但人潮流動，必然帶來商機。

　　博愛老街的第一個活動，是建立一個願景，稱為「博愛特區社區願景藍圖」，給予老街新生命，進行復興，將許多夕陽產業改造活化，透過團體互相合作群聚，共同行銷，達到更好的商業效果。第一重點是老屋，第二是新生命。首先於大爵飯店門口牆面，可見十四組提案。再來是老街彩繪提案，學生一棟一棟慢慢畫，讓社區投票。六個月後希望每一組皆能深入發展，提出成果，放置於大爵飯店二樓，作為期末報告。更將街區彩繪活動

串聯，做成卡片呈現，也延伸為不同文創作品明信片，並在年貨大街時前來擺攤。如將莊松河醫院改造為主題餐飲，院內醫療用品，改造為糖包果汁袋，以及菜單餐飲用具，提供給店家，作為活化改造建議，也將鴻翔旗袍重新定位為婚紗店，更將保安堂中藥行改造為茶飲店。將博愛路婚紗彩妝街形象，與中山路的喜餅店家結合。有了具體的概念，再來說服店東同意進行改造，每一組皆有其具體闡述的理念，希望得以落實。許多街區七、八十歲的爺爺奶奶，看到成果深受感動，因而更認同，更加參與，積極捧人場。

　　博愛路預計於 2016 年底，開店數會逐漸增多，具體成果要看進駐新店家共有多少？是否講究創意？因不是公部門計劃，而是由志同道合的志工投入，包括學校教授與商圈理事長，亦有在地子弟回流，所以目前尚未感受重大挫折。博愛商圈除了商業，也會帶動人文產業進駐，例如獨立書店，但與金石堂的操作模式不同，將有許多結合社區的活動，而非單獨賣書，可發展成為社區活動中心。

　　人文社會如一條河流，會有淺灘、節點與不同景致，消費者如魚群，在河裡泅泳，會找到合適處匯聚，可能是食物最豐盛處，水最清澈處，或最安全的所在，只要順應歷史文化脈絡，溫柔爬梳，終會梳理出一條，在新舊文化交接中，瑩瑩發光的老街風景。

百年品芳食堂

（受訪者：黃國珍師傅　紀錄：陳　維）

品芳食堂歷史沿革

　　本食堂創始於曾祖父，當時為日治時代，祖父（第二代）於昭和時代從小與其父學習料理，店名為「品芳樓」後改為「品芳食堂」（日本名稱），民國以後遷於景福宮（大廟）廣場，民國45年因大廟改建而群遷於東方戲院樓下，後又因東方大樓重建，再遷於博愛路上，幾十年來伴隨桃園成長與見證歷史而延續至今。

　　台菜是由閩式料理與日本料理經時間演化而成，其基本精神是天然食材＋長工時手工淬煉出生物元素以達營養養生目的，最能代表就是北投溫泉文化，台菜上等菜即稱呼為「手路菜」（台語），國語稱「功夫菜」，民國75年以後因台灣經濟大躍進，加上人工成本大幅上揚，手路菜因大量製造不易（類似日本料理），加上人口暴增，天然食材生產緩慢，而使從業人員改變路線，改從醬料香味速成著手，加上廠商推波助瀾，慢慢變成俗稱「潮流菜」，但很多配料卻都是人工合成，如塑化劑、化學醬油、醋精（白醋）、味噌…等等不勝枚舉，經過二、三十年演進卻也造成致癌率大增與傳統從業人員無法傳承而消失，日本料理卻因為仍堅持傳統，以生物學原理－當季當地與天然營養讓細胞吸收，相對使日

本也名列世界上致癌率最低的國家。

　　本店料理製作仍堅持曾祖父傳統精神：嚴選當季當地上等食材，拒用大陸或人工化學食材、原料，再佐以耗時人工與火侯來淬鍊食材營養，物料成本便高於一般店家一倍以上，更遑論人工成本，以佛跳牆為例：大小食材共有 19 種（坊間一般 10 種），幾乎每樣都要單獨處理、結合，如腳筋與魚皮…等等仍以傳統活水發泡法走水三天（坊間上游廠商大多以一小時化學劑發泡，容易致癌），連基本調的醬油也選用創始於日治時代的醬油公司－天然釀造六個月的「丸莊醬油」，價格比一般高出 4～5 倍以上（一般餐飲業界慣用化學槽鹽酸與防腐劑，染色劑製造的醬油）大甲竽頭選用都是基本…等等，

日本時代酒家菜
黃金糯米捲

至少得花三天時間製造，加上所附湯汁也另以古法熬製而附贈於客戶（一般餐廳加水）。

　　本食堂秉持「日治時代教養，以人為本」（健康），榮譽為念（手工與品質），採產品履歷、嚴選當令當地食材。價格公道不是我們唯一訴求，健康與品味才是我們與客戶長久連結的宗旨。

佛跳牆

古早螃蟹沙鍋魚頭鍋

古味酥炸雙拼

閩式養生紅麴豬腳

和風醬汁肋排

古味蝦球

古味芋炸點心（三種口味）

黃金糯米捲

眞　理

佛跳牆還在百年竈甕上不慍不火的煲著
落寞的技藝怕等不到新時代的回聲
如果真理就是一日三餐
如果佛法就是老實喝茶
我可不可以問你吃飯了沒？
或找你去喝茶就好？

（詩：陳　維）

百年食堂，風塵僕僕走過清日民三個時期

品芳食堂（原稱品芳樓）創立於清朝民國改朝換代之際，曾祖輩為創始人，於大廟邊興業，當初曾祖為了生活，當起台菜學徒，目前已傳至第四代。過去生意鼎盛時期曾有門市，全家投入，目前為一半家業，一半在外做事的模式。在傳統功夫菜盛行的舊時代，品芳樓常有一天一百多桌的辦桌紀錄，自從麥當勞帶動台灣速食產業發展後，結合日式與閩式風格的傳統台式大菜便開始沒落。以前宴席為北投酒家菜，目前因社會變遷，宴席多為簡約式合菜。品芳食堂功夫菜純正道地，廚房裡仍設有民國七十幾年的古時竈，以木炭生火，存有古風。

品芳食堂的發展歷經四階段：第一階段為第一代曾祖輩草創期，當時叫品芳樓；第二階段是第二代父執輩，在大廟廣場附近開業，民國四十幾年時，品芳樓更在博愛老街附近開設餐廳，是鄰近地區最大餐廳之一。在1971年的博愛路老照片中，仍可見到官方民防隊開吉普車遊行而過的景象，當時雖已有彩色照片，但因費用昂貴，黑白照仍十分流行。博愛路以往十分熱鬧，改單行道後，人潮不復以往。民國六十八年店面收起，當時不只品芳樓，許多店家也同時收起。民國七十幾年東方百貨開幕，更早的東方戲院時期，則是第三階段，也是第三代全盛時期；目前是第四階段，這階段早期，品芳在

國光皮鞋對面開店，本為住家，目前兼營業性質，前期師傅住在店面前頭，二、三樓則是餐廳。

　　品芳家的建築，也呈現出台灣某一時期的建築特色。這棟五十幾坪的房屋由三合院改建，算街屋型建築，因有兩個過水，看來像三合院。原本有三間，每棟中間有個中庭，中庭旁有過水，穿過中庭。以前三合院沒有這樣狹長，抬頭仰望可見天井，中間做延廊來過水，過到第二間。當時是平房，目前改為三樓半建築。

　　品芳食堂現有菜單，不包含所有菜色，而是八年前的舊菜單，許多皆是應景菜色，非古早菜，完整菜單內容更為豐富道地。如第四代老闆黃國珍先生說到，以前有一道白鯧，從小吃到大，更玩笑說，自己是吃龍蝦長大的孩子，且是台灣龍蝦，非目前餐廳看到的進口龍蝦，台灣龍蝦目前已抓不到，白鯧更是要價高昂，現今食材的品質，今非昔比。

品芳獨家功夫菜

　　品芳許多獨家菜色，都是老客人憑記憶點菜。例如黃國珍老闆提到了一道獨特菜色「黃金糯米捲」，幾乎是一頁被遺忘的台菜歷史。黃金糯米捲一開始並非品芳樓獨家料理，而是那個時代特有的菜餚。民國七十幾年南部鄉下辦桌，還可見到糯米捲這道料理，但味道略有不同。黃師傅認為，這道在台灣流傳幾十年的菜色，可

有許多不同層次的變化。數年前桃園燈會時，有位五十多歲的媽媽級客人吃到這道料理後，向黃老闆表示，這是小時吃到的口味，卻非台灣某一時期的家常菜色。

這道黃金糯米捲，從最基礎的原物料，一道道開始準備，食材大多至大廟後的永和市場挑選。其中的咖哩，是傳統咖哩，內餡有鴨蛋黃、糯米、絞肉、火腿，一條條慢慢揉塑成條形。這道功夫台菜，目前全台只有品芳樓仍在製作，即使舊時台灣也不普遍，算館藏好菜，是以前參加婚宴討媳婦時，才有機會吃到的宴席菜，要包紅包請師傅，訂婚、滿月時，才能一飽口福。現在即使特訂，一般宴席也吃不到。因為手工昂貴，無法像從前從材料開始費心製作，都是在外備妥，賣給餐廳，餐廳再合成一道佳餚。

黃金糯米捲外酥內甜，外皮是咖哩的香，內餡是糯米的甜，咬下去口感酥脆，層次饒富變化，卻不衝突，雖非品芳獨創，卻是難忘的傳統滋味。單獨品嘗便可飽足，中間還可點綴些許生菜沙拉。製作過程鹹甜須適中，當中一道工出錯，整條味道都會改變。因極費工，民國八十年後便不再製作，四年前客人重新提起這道宴席菜，才重新推出。宴席菜要一定數量，比佛跳牆更難料理，一盅佛跳牆便包含 21 道材料，每道都需分別處理。黃金糯米捲製作時間不定，油炸八至十分鐘，甚至更久，因台灣現下時興的外送宅配服務，使得糯米捲必須包裝冷凍，再以保鮮膜封起，所以需時更久，食用前用烤箱

加熱，再切片放上香菜花生粉，這道適合全家享用的傳統功夫菜，便美味出爐，從備料到完成，需時兩天。漢人不吃咖哩，日本時期才出現咖哩，而豆皮捲又是漢人閩南文化的特色，這道糖心咖哩糯米捲，呈現了中日文化融合的創意。

　　許多老師傅自小因生活艱苦，在品芳食堂祖父輩時期，便來當學徒，拜師學藝，老師傅目前大多退休，因到一定年紀，體力便無法負荷如此費工的功夫大菜。品芳食堂對台菜食材、工法的堅持，堅持食材的精神，使得料理費用高昂，只能在大餐廳製作。品芳若推出古早合菜，一桌十道料理，要價也要上萬，這裡包含了老師傅對食材工法的百年堅持。

　　黃老闆還提到另一道品芳招牌菜，也是客人必點的「佛跳牆」，並慎重為其正名，澄清當今時下對佛跳牆的誤解。黃老闆認為，佛跳牆不可能叫佛跳牆，因所有食物的命名，皆與當代文化背景有關。以前日本時代，以台語發音，佛跳牆叫魚翅筒仔，後來被外省族群行銷化，於過年時節炒作，造成風潮，以前卻是滿月、訂結婚時吃的料理，或者是結拜時的「呷會」才會吃到。「呷會」緣起於清朝時期，因官不護民，人民必須自保，於是大家相招結拜，日後他莊若來欺侮村民，方能集結對抗，因此古早時期，每三個月或定期，便會舉行呷會或廟會，以深化結盟繫絆。

　　即使叫佛跳牆，老闆卻堅持料理分為兩種，一種是

市面看不到的功夫菜，一種是名稱相同，卻不道地，所以強調品芳的佛跳牆，是正統佛跳牆，十分費工，味道與市面上全然不同。

傳統老店轉型的美麗與哀愁

目前台灣難以推廣傳統功夫合菜，最大的困難在於，即使接到訂單，也沒有師傅能做。老闆一開始並無繼承父業的打算，二十幾歲便出外工作，民國七十幾年台灣經濟起飛時期，大家都去玩股票、大家樂，師傅難請，現在更是請不到，將來若找不到學徒，便不再傳給下一代，改以單點年菜的方式出菜。且因目前只剩國珍老闆一人料理，一次只能出一道大菜，現階段幾乎只出佛跳牆，和風照燒肋排等客訂年菜，還有五味芋炸，包含酥炸丸，為飯後尾盤甜點。

老闆也希望將品芳改造成小吃店，將店面開在博愛路上，不走辦桌路線，而是推出特別料理，或是一個月挑幾樣來賣，採事先預訂制。品芳食堂的菜色，非一般辦桌菜，而是目前辦桌菜也吃不到的道地傳統台菜，連炸蝦球都講求食材實在，不同於市面上的廉價菜色，堅持一顆一隻蝦子，彷彿內含著台灣人的實在精神。

說到開小吃店的想法，除了發展品芳食堂另一便當路線，老闆也有其理念，大菜和便當，目前為老闆和弟弟輪流負責料理。父親近七十歲時退休，黃國珍老闆現

在算幫忙家業，需要人手時，父親仍會協助。老闆說到古早便當，冷了依舊美味，現在的便當，冷了就難以下嚥，主因為食材佐料不天然。以前一隻豬要養一年，現在只要幾個月，過去連柴魚湯頭，都必須慢熬一天，今昔對照，不可同日而語，因而吃來口感差距甚大。味增是舊時常吃的調味料，現在才知有防癌功效，所以以前的長輩較健康長壽，現代人雖身材抽高，卻不結實。台菜要求嚴選食材，現在卻有許多化學菜，只好以更人工的方式，淬鍊出香氣，而品芳食堂的堅持，便是以美味與健康的理念，抵擋時代逆流，使百年美味持續飄香。

桃園首位現代舞蹈家

簡子愛園長

（紀錄：陳　維）

簡園長與父親合影一

光復節代表民防婦女大隊閱
兵，第一隊來自基隆、新竹

簡園長與父親合影二

擔任首任成功獅子婦女會會長

舞 秋 楓

秋風起時，隨風
落下一場天雨露華
過望四季雲煙，如人間行旅

你美過愛過活過痛過
風兒催迫中，終於輕乏
仍求一季盡情
燦燦然的秋楓舞動
以泣血的歌喉
為每一場生命的暫短
迴旋出一段，戚戚然的絕唱

（詩：陳　維）

與台灣現代舞先驅蔡瑞月老師的緣分

簡子愛園長為桃園首位現代舞蹈家，民國 19 年 4 月 21 日，農曆 3 月 23 日媽祖日生，剛中學畢業時，初識了蔡瑞月老師，蔡老師當時剛回國，有一回在中山堂表演，那是園長頭一次見到芭蕾舞表演，以往國小、幼稚園所跳的舞，皆是簡單的娃娃舞，園長看了深受感動，開始尋訪蔡老師多年，十九歲才找到，當時張小燕也在蔡老師班上習舞。簡子愛園長還修過蔡瑞月老師、以及蔡老師之師石漠老師的課，其創作芭蕾舞系列，讓園長一見傾心，當時自認年紀老大，父親也笑稱若執意學習，可能骨頭會散掉，但園長仍難忘對芭蕾的熱愛，一心嚮往。

在那個五元公車園長都捨不得坐的年代，她常坐車去學芭蕾、去看老師，兩處學習，目標是希望所有如自己那般喜愛芭蕾舞的學生，不用大老遠跑到台北，因而以教學為目標，此為簡子愛舞蹈班緣起。

園長為國立藝術學院第一期舞蹈班畢，如同今日學分選修班，教學至

今已有五、六十年資歷，
是簡子愛舞蹈班主任，屢
得舞蹈編舞獎項冠軍，專
長為編舞與教學，作品廣
受歡迎，隨蔡瑞月老師習
舞時，有時蔡老師要園長
上台表演，園長總因年紀
而感羞赧，因此婉拒。但
園長後來在舞藝上有出色

簡園長獲獎連連

表現，曾於表演時偶遇凌波，舞姿受其大加稱讚。

　　子愛園長擅長的舞蹈主要為芭蕾、民族舞蹈，踢踏
舞也修過，曾跟隨一位從美國回來，台灣當時頂尖的踢
踏舞老師，修習了許多課，甚至京戲也接觸過。當時都
是夜間去選修班上課，老師只教基礎，其餘皆須自編自
創。李天民老師在課堂上，曾盛讚簡子愛園長比蓮花指

簡子愛園長（二〇一六攝）

的手勢最好看。也跟隨西班牙歸國，首屈一指的西班牙舞蹈老師學習，子愛園長說起他的神采，可比電視明星，上課彷彿由門躍進，姿態瀟灑。園長極欣賞這位西班牙老師的編舞，但一學期只傳授一支舞，因而領悟學校只是提點，真正學習要靠舞蹈社。

　　簡子愛舞蹈班於民國 44 年立案，擅長舞蹈創作，因後來才有錄影技術，園長的舊紀錄皆為相片，如〈望春風〉、〈針線情〉等歌曲，為了凸顯曲調的優美，將其編成了舞蹈，教學對象為銀髮族。〈針線情〉此舞，為一男一女，男生拿放大道具針，女生拿線，男女穿針引線的互動，意涵飽滿。也曾帶過哥哥恰恰的比賽，影星陳亞蘭看了，讚嘆不已。還將歌曲〈紅玫瑰〉，也編成了芭蕾舞，舞蹈中，一位少年跑出來，拿了束花，因被花刺傷手，故將花丟棄，後來作了個夢，夢中花王拿舞蹈道具葉，現身抓他，最後刺傷他的玫瑰出現，替他求情，花王才釋放他，醒來才知，原來是一場夢。

三隻小豬舞蹈：簡子愛編蹈

桃園首位現代舞蹈家

　　民國 60 年時，桃園剛有了運動場，但是地面沒有畫線，眾人皆無法分辨前後。當時社會團體組的舞蹈比賽，園長編了一齣〈捨身取義〉的舞蹈，關於林添禎的故事。當時與文化學院的大姊姊比賽，園長的學生年紀還小，最小差不多五歲，最大四年級，卻得到了冠軍。那更是桃園首場現代舞的演出，其中包含了現代服裝、民族味道，與現代音樂元素。

　　園長深感現代舞不能沒有合適的音樂，於是去振聲中學，請了十位擊鼓的小朋友，有大鼓、中鼓等樂器，表現出大海波浪旋轉的聲勢。〈捨身取義〉此舞有個特色，其中海的創意，來自日本書籍的故事，角色腳底有浪淘沙的畫面，小浪、大浪，翻湧襲來，蔡瑞月老師跳過的〈多瑙河〉，當中便有大小浪淘一波波襲來的意象，園長更將京戲中向前

簡子愛舞蹈家

撲的動作加入現代舞，學生身穿中國服裝，水袖、腳邊鑲嵌大亮片，做動作時，像極了浪淘的意象。看到園長的舞蹈，全場遠方、樓上，全停下來，全神貫注觀賞他們的表演，記者寫到，當時觀眾眼裡，不知是汗水，或是淚水，此舞廣受好評，因而奪得冠軍。

還有一場現代水燈表演，園長請了十個樂師，當時一人便要一千六百元，將小排燈由中間挑起來，放花燈與小扇，李天民老師當時擔任總幹事，說此舞差一點落榜，因批評者說是鬼日迷信，是老師們堅持頒給全省冠軍。可知園長當年的堅持，多麼排除萬難。園長曾演出九個節目，八個獲得冠軍，但園長榮譽感強，得二、三名時，便失望落淚，覺得不公，那時有位王科長聽了笑說，乾脆冠軍都給園長好了。

園長還提到一位當時七十五歲，拿刀劍跳舞，而獲古典舞冠軍的張迎春老師。張老師曾請教園長舞蹈動作，園長建議男性跳鐵扇，並指導其動作，建議動作別直來直往，要其以布貼好扇面，再讓園長看，以牛皮編成的，才是功夫扇，園長父親也曾在日本看過六支扇的演出。張迎春後來到了台北，一個學生收五百元學費，發了財，眾人卻不知此扇是園長發明的，園長後來改編為鐵扇雄風，以藍色褲子，白衣紅帶，疊羅漢，接扇，憑這支現代舞，拿了桃園縣冠軍。以往園長比賽時，台灣東西南北各縣市等舞蹈團體，皆會來觀摩預賽作為參考，這支扇舞一推出，隔年全台皆跳扇舞，蔚為奇觀。

不輸林懷民雲門舞集的自豪

　　園長認為子愛舞蹈團始終面臨的困難為學生年紀小，現階段面臨的困難則是缺少經費。自認不輸林懷民，但因缺少文學家、音樂家宣傳，都是自己將音樂串接而成，如〈捨身取義〉全齣皆自行配樂，每次教學，感其音樂之深，每每落淚。園長的夢想，是在桃園街上，有一間以桃園舞蹈服為主的服裝店，而非一直沿用大陸、原住民服裝。更想把鄭進一的歌曲改編成桃園舞蹈，因其歌詞意涵甚佳，但節奏稍快。

　　園長曾參加過獅子會，並將獅子會的運作方法帶進幼兒園的經營，最大的一次教學經驗，是在南門國小教導 1600 人的區會，此算少見情形，大多時候，皆默默耕耘實幹。從民國 87 年起，至桃園市長青學院教授歌唱舞蹈至今，學員年年有兩千人，曾多次得到市長聘書，桃園的阿嬤學生去做衣服時，一件不過一百元，阿嬤卻說捨不得穿運動服，而無法表演，園長心疼，希望阿嬤們多善待自己。目前年輕學生由女兒負責教導，孫女仍在修習舞蹈碩士，走上與園長同樣的道路，園長十年前結束教學，目前為半退休狀態。以前教小朋友，小的才 2、3 歲，反應敏捷，現在教長青阿嬤，有時教一個動作，廁所回來就忘了。有時園長請阿嬤過來，阿嬤反應不過來，必須一個個親手牽過來。請阿嬤看園長做動作，阿

嬤一會就轉頭聊天了。但園長長年教小朋友的經驗，認為不會才來學，會就去當老師了，所以仍充滿耐心，不會厭煩，今年博愛路封街市集時，更帶領街坊參與舞蹈表演，活躍如昔。

園長曾創辦桃園幼稚園幼兒福利協會，創辦初始相當成功，擔任協會會長時，曾主辦過運動園遊大會，當時幼稚園如日中天，辦活動總有上萬人參與，人潮蜂擁而至，盛況空前，活動場地常動彈不得，甚至發生觀眾多至必須從車頂走過的景象。現在面臨財務窘境，若幼稚園還在，園長先生還在，也沒有足夠金錢應付開銷，園長先生離世時叮囑，園長身體不好，若要繼續經營，一定要做好，否則對不起家長，先生知道園長喜愛孩子，所以面對經營窘境，建議收起，子愛幼稚園占地 300 坪，一樓有塊露天大空地，是運動會跳舞的場地，雖有人有意購買，園長卻不願收起，怕學生沒有母校，希望他們有空時能回娘家坐坐、喝喝茶。

子愛幼稚園位於博愛路 142 巷 1 號，民 44 年與子愛舞蹈社同時成立，因園長先生建議一起立案，立案字號 1 號，是桃園第一家私立幼稚園。成立後搬到博愛路時，眼前盡是三輪車、石頭路，當時縣政府附近土地約兩千坪，一坪不過幾百塊，因園長個性務實，即使友人勸說，也不買地囤積，而老實在博愛路上辦學。

子愛幼稚園原開於家中，近中山路文昌公園後的小巷裡，一開始學生不過十餘人，因台北五姨向母親說起

台北流行舞蹈，因而成立舞蹈班，附屬於幼稚園。園長一開始先至桃小附幼任教兩年，早上教完，下午再至桃園國小教授繪畫、音樂，後來於桃小專任兩年，教導 2、3 年級的學生，再至育群幼稚園任教約兩三年，擔任了一兩年主任，後來辭掉育群教職，十幾位學生家長，跟隨園長離開，建議園長自行開設幼稚園，育群幼稚園後因軍隊進駐而停辦。園區雖為日本房舍，卻非日本時期所蓋，前身亦非幼稚園，附近的公會堂，位於桃園國小旁，七樓為長青學苑，一、二樓為圖書館。

　　在那個還沒有師專的年代，沒人教園長如何教學，園長邊教邊學，教出的老師多達上百位，皆感念園長教導，也曾在三十多歲時，以桃園舞蹈家的身分，獲新生報採訪。園長循循善誘、因材施教，深受家長肯定，認為十大領域教學目標與基本能力，小朋友都該學會，並適性發展。若善用剪刀，將來或許會成為心靈手巧的飾品老師，若對色彩敏銳，將來或許能成為設計師。園長本人樣樣皆通，運動、畫畫、寫字，五育並重，也修過服裝課程，大衣、西裝，皆有涉獵。說是那時代的人，豬也餵過，田也跑過，甚麼都做過，成了通才教育的人才。

　　園長自己在小學六年級時，被學校選為優良健康兒童，男女各一名，猶記得有一次跳馬的經驗，園長因害怕而無速度感，當時父親過來便是一巴掌，讓園長忿忿不平，認為父親應該教導而非打罵，從此園長教學仔細

認真，總想辦法使學生學會。說到子愛幼稚園深受大家喜愛的原因，園長認為現在小孩子都失去了自律能力，這都是老師的責任。老師沒有負責的愛心，家長若堅持不合理的要求，園長秉持教學理念，絕不妥協。即使家長放棄，園長也不放棄，甚至曾跑到學生家中拜託家長，讓她繼續培育這些孩子，使其獨立。更曾鼓勵孩子寫信給母親，讓孩子知道人外有人，天外有天的謙卑。園長認為國小不該分心開幼稚園，而該專心於小學校務，幼稚園收起後，就去桃園國小任教，教授舞蹈。園長離開桃園國小後，不久便開設子愛幼稚園，持續至今。晚間更開設特別班讓家長學習，剩餘教室則提供活動，數十年前便如此主張。園長於現場教學，往往會引導三次，第一次引起動機，第二次加強訓練，第三次則給予學生信心。當學生贏過老師，便生出信心，從此不再害怕。就像一句俗語，暗地要將它看清楚，才知沒有鬼。園長的幼稚園學生，表演時整齊劃一，跳舞時活潑放得開，能靜能動。園長曾拿到全省第一的幼稚園滿分評鑑，不料遭到抗議，隔年 98 分，依舊蟬聯第一。

祖父為全省首位改日本名的台人

　　園長出生於今日桃園中山路上大黑松小倆口的房舍，約 75 坪，祖父為簡朗山，園長為長孫女，此地為祖父故居，黃景熙議員夫人是園長姑姑的女兒，早時姑姑

住樓下，園長住樓上，婚後才搬出。祖父當時在文昌公園辦國語講習所，教授日語，是桃園國小的前身，父親則在那服務了二十年。祖父得過文化勳章，是勳六等的正上尉，父親則拿到二十等、八等或第一等，父親曾跟祖父說，台灣少有父子同領勳章，本想合照，後卻陰錯陽差，再無機會。祖父在日本時代推行文化教育，宣導不打赤腳、不脫鞋，講國語；園長說祖父的國語有特殊用法，如七早八早，猴死囝仔等用語，更將洗車翻成洗衣服，許多詞彙，祖父直接由日文翻譯過來，造成街坊不少笑談。

當年祖父留下許多照片，後被市公所的一位先生，拿去整理成冊，幫日本政府工作時，更有許多大冊紀錄，園長弟弟搬家時因疏忽，全數丟棄，而傳統酒杯、菊花飾品，與長刀，則於戰時全數捐出。祖父當時的居所為第一個有鐵金建造的房舍，後面是草店尾，當時只有這間居所有二層樓，從二樓可直望大廟口，更可遠眺大園航空站。園長有一次在二樓做功課，正對大廟，當時日本人在樓下與長輩吃飯，她突然看見一架 B29 戰機，低空飛過，眼看飛機飛近，發出巨大轟隆聲響，園長嚇得用手抱頭，奔至樓下，卻直擊飛機掃射卡車的畫面，子彈更彈入家中，當時家裡鋪設榻榻米，子彈打到柱子，彈回家中物品卡住，思及此景，園長語氣仍不免激動。

記得祖父當年，在現今永安路與新生路口那帶的草寮仔，某天陳合發被指控為反抗分子，日本人要燒他厝，

園長祖父知道時，為其辯護，說他們不是壞人，而救了他們性命，後來陳合發商行陳慶同、陳慶輝、陳慶邦三兄弟，年年過年皆來向祖父拜年，說是他們的救命恩人。園長聽人說起，祖父年少時一副七逃人的模樣，看似不務正業，居無定所。有一次眾多人被抓，綁至大廟口大柱，準備斬首示眾，情急之下，祖父用腳寫了良人兩字，日本人看了，知道他會寫字，於是放了他，讓他做翻譯（通譯），那是祖父發跡之由。到了光復時期，祖父常請知名人士如汪建秋等人，來家中吃飯，祖父還有座日式庭院，在舊桃園小學校隔壁，今為衛生所，園長後來在台中見過一模一樣的庭院，現已拆除。

　　園長有位阿伯，為祖父兄長之子，非親生，後來敗光了家產。祖父無子，父親為養子，老二為養子，老三亦為養子，父親事親至孝。從前考試，文官比醫生更難考，考不上文官才考醫師，當初父親想幫助祖父，實現他的夢想，父親喜愛音樂，多才多藝，就讀北師範時，鋼琴是學校的貴重物品，老師看重父親，託他看管，父親能畫，亦有兩幅畫作展出，還會作曲，曾作日本歌曲，讓大家演唱，更是網球選手、排球選手與賽跑選手，因為祖父的關係，在桃園國小服務二十年後，才退休離開，因日本時期，日本人怕思想不正的人，對日本有向心力，日人才會重用。

　　祖父於日本時代改名為綠野竹二郎，是全省皇民化運動中第一個改日本名的台人，曾被罵漢奸，和林本源

同於光復時被關。因日本兵不敢重用台人，當時台人多做軍伕，怕台人投降外國，導致日本時代末期，可用之人越來越少，才希望台灣人協助，拉攏台人。當時許多人都沒有飯吃，若在房屋外釘牌，便與普通人家配給不同。排隊領取配給時，日人第一等，有新鮮大魚，第二等為改姓人家，第三等本地人則甚麼都沒有，十分清苦。改姓當時稱為「平等運動」，改姓人家可當軍人。

　　父親原本留長髮綁辮，當父親的頭髮第一個被剪掉時，嘴上雖不說，園長後來仍能感知其內心的痛苦。因祖父要推行文化教育，自己的孩子要以身作則。父母沉默寡言，不愛說起這些往事，只是斷斷續續提起，園長兩位弟弟在日本小學校就讀，父親不讓園長去讀，怕被欺負，園長17、18歲師校剛畢業時，至桃園國小任教，當時有間玉峰電影公司，專門訓練電影明星，父親聽了只說，學甚麼都好，但別做第一人，免成箭靶，可知身為次等國民的悲哀。

　　愛子為園長的日本名。日本時代時，天皇生公主，就會鳴一聲空襲警報風笛聲，生王子則響兩聲。後來為何變成子愛？園長說當時因父親改姓名，拿了許多名字讓園長挑選，如愛娜、愛蓮，當時十七歲的園長皆不中意，只愛自己的名字，覺得其餘皆像風塵女子，父親後來索性丟了一本字典，讓園長自行挑選，後來時間緊迫，園長說乾脆將名字顛倒，取名子愛算了，父親說此名無意義，園長仍執意於此，反駁說，孔子時代有子路、子

由等,為何子愛不可?這一改名,成了世界唯一的名字。

日本時代的北一女多日人就讀,園長就讀母親的學校,當年叫第三高女,現為中山女中,當時校內有一百多人,多台灣人,還有廈門來的。當年日人撤退後,原本不是北一女的學生,二女、四女與淡水女中,合起來成為北一女,第三高女當年只有三人考上,畢業後卻變成北二女,園長頗感不服,認為應該變成第一女中,因母校校風嚴謹優良,如課堂上縫針若十支少帶一支,便要到走廊罰站;上課不能任意行動,但老師很少打罵,園長因而養成細心的習慣,李前總統夫人便是園長學姊。園長母親於 103 歲高齡辭世,園長是第二屆校友,同學會上仍有許多人出席,但北二女的校長使得學校分裂,分為中山校友會與其他校友會,近年來校友因而減少。

父親簡明春為光復後第一任桃園國小校長

日本時期的建築樣貌多集中在宿舍區,如現今桃園郵政總局方向,前面是桃園小學校,附近還有鐵路公司的宿舍,鐵路公務員被稱為烏鴉,因總穿著一身黑衣,更有日人住的警察宿舍;桃園國小旁有一排教職員宿舍,父親曾住過,現已打掉。

園長也住過桃園國小旁的宿舍,因父親擔任光復後的第一任校長,小時曾有段時期住在文昌公園後,桃園國小附設幼稚園(桃小附幼)附近,對桃園國小甚為熟

悉，因家住宿舍，常在校園走動，大家因而都認識。父親自承，能在一間學校住二十年這麼久，不容易，全因阿公與日本人的緣故。沒想到光復後就被請出去了，因父親個性溫順，不願抗爭，於是退休。

日本時代沒有舞蹈協會，光復後才成立，園長光復後才向康老師學習。光復時民防部隊曾在桃園火車站前閱兵，分三隊，分別在新竹、基隆與桃園，園長曾跟隨警察一同進行了三天活動，喊的口令最響亮，從縣政府前到火車站，據說都能聽到園長宏亮的聲音，因園長平日教學都在運動場，完全不用麥克風。

為國爭光的舞蹈

園長也教日本舞，曾改編過日本長崎的〈蝴蝶夫人〉，述說日本女子與美國海軍戰時相戀的悲劇故事。故事關於異國軍人離開前對蝴蝶夫人的承諾，櫻花再開時會再歸來，蝴蝶夫人從此在長崎山丘上日夜盼望著，後來海軍再度出現，卻表明自己已娶妻生子，蝴蝶夫人聽聞，傷心欲絕，自盡而亡。

比賽中最遺憾的，還有一事。民族故事中有三日節，是老鼠娶媳婦的節日，當時有類似喇叭樂器的演奏，吹奏起來，像極新娘哭泣的聲調，嬌小的園長拿著龍鳳大旗，老鼠有著大耳朵，新娘坐在花轎上，表演抬花轎的動作，園長心想地上若有線條，老鼠於屋頂上沿線出場的場面，定更精采，後來卻只得到第三名。園長當時疑惑，不知故事內容是否不妥？依照規定，民族

舞蹈要有民族故事，園長的舞蹈符合規定，李天民老師以及光復時來台的民族舞蹈世家評審，皆說給園長高分，但幾位高雄評審卻說，不能讓園長得獎，因當年高雄在抓老鼠，一隻老鼠的尾巴可換五毛錢，園長的老鼠太可愛，此風不可長，此為敗選原因，園長聽後，哭笑不得。

簡子愛舞蹈團也上過台視，當時邱愛寶女士在台視，一場舞蹈可表演二十分鐘，園長的舞蹈皆帶有故事性，有一次邱女士替園長旁白，深刻感人，讓園長不禁淚下，諸如此類情景，多不勝數。園長更有一齣〈養鴨樂〉的舞蹈，此舞十分精彩，好到退出聯合國那年，有個衛星廣播節目，預計播出園長的〈養鴨樂〉與

養鴨樂獲新聞報導

黃俊雄布袋戲兩齣表演，月刊都已刊出，最後卻因退出聯合國無法上場，十分可惜。園長教導的冠軍舞，更曾獲美語新聞介紹，為國爭光，不負桃園首位現代舞蹈家美名。

桃園唯一素食糕餅行
源成糕餅

（受訪者：陳王琨教授　紀錄：陳　維）

桃園唯一素食烘焙坊　　舊桃園三大餅店之一，店內
　　　　　　　　　　　　　招牌傳統大餅

源成家族陳王琨教授

源成家族攝於崇光佛堂。前排左起為陳正修點傳師（古蓮妹么兒）、中為古蓮妹女士、右為陳富美點傳師（古蓮妹長女）

源晟陳王謙老闆與
長子陳融河

源成家族陳正修點傳師

陳炎成十二生肖異姓兄弟會，民國四十六年正月，陳炎成（前排右二）過世前半年攝。據陳泰昇先生口述，內有天生叔公西藥房、簡秀才之子、泰昇先生同學簡宗炘祖父、全聯先生祖父（左二）、簡子愛園長族人（前排左三）、二排後多新市場友人，皆是掌握桃園經濟命脈的人物。

源成家族陳秀芬女士高中時代，約民國 58 年。大年初
二，五叔公帶秀芬與年輕後輩去虎頭山走春。成員都是
源成家族，照片左穿西裝者為五叔公，旁為淑芬、瓊枝、
瓊如，右穿西裝者是八叔公，旁為淑真、淑金與其友人

源成家族陳培乾先生手稿 1

源成家族陳培乾先生手稿 2

餅

耶穌説：拿這餅
餵飽所有子民
你製的餅
同樣哺育了子孫的記憶

從麻油
到大餅
從宜蘭
到桃仔園

祢説，餅都是一樣的
滋養生命
如同你傳的道
都是一樣的
潤澤芬芳

（詩：陳　維）

源成糕餅行緣起：白手起家麻油炎

　　源成糕餅行老闆陳炎成，人稱麻油炎，當初做麻油發跡，因女人坐月子總要吃麻油雞，麻油銷量很大，陳炎成嫻熟麻油作法，純手工製作，買麻捶打擠壓，作料實在，人盡皆知，其麻油品質優良，不曾出過問題，大家皆指定前來購買，因而有了麻油炎的外號。陳炎成因開設了當時最大的雜貨店，在大桃園地區如八德、內壢、中路、南崁、大園、竹圍一帶，相當出名。

　　源成家族，據族人陳泰昇先生口述，系出漳州漳浦縣大坑赤湖村崇孝堂，雖是單一家族，但影響及於清日民三個朝代，祖先陳輝煌於咸豐年間來臺，娶了宜蘭平埔族人頭目公主，後與黑旗軍打敗了法軍，得清廷重用，雖比吳沙晚了八十年，卻與臺灣現代化的幕後推手林朝棟與板橋林家花園的林維源齊名，陳輝煌哥哥之子，就是陳登元進士，為淡北中式禮闈第一人。

　　關於源成糕餅行的口述紀錄，此次訪談的對象為景文科技大學陳王琨教授，陳教授民國四十六年生，為源成第十九代，出生於博愛路日光照相館附近，父親有八個兄弟，三個姊妹，排行第四。成立源成餅舖的老闆陳炎成，是家族第十七代，也是陳教授祖父，來台具體可考的第一代為玄祖，昔時自大陸帶骨灰來台時，高祖父還在母親腹內。

　　陳教授的先祖輩來台後，當時一路從四圍、三峽、到了桃園南崁，再從南崁發展到桃園草店尾，曾祖父陳長春沒有家產，所以入贅王家，陳王為複姓，後代一姓王，一姓陳。王家並不富裕，但有大片土地，從舊源成，到博愛路日光照相館、太生西藥房，再一路延伸過去。

　　曾祖父生了二個女兒，並無兒子，兩女原先有意繼承香火，長女後來有了養子，次女也招贅，源成便將部分土地交給太生西藥房，以及王氏，再由王氏招贅進來的男丁，姓林，繼承王氏家業。陳長春後來討了二房，大房王溫娘，生下二女，並無男嗣，過世後，續弦翁滿，翁氏為夫婿簡氏過世再嫁，帶其子阿清嫁入門，從小由曾祖父帶大。這阿清伯相當出名，為白鹿汽水最早創辦人，人稱涼水清（汽水清），其子簡長壽，更將汽水生意做大；當時台灣有三大汽水商：白鹿汽水、白梅汽水與黑松汽水。白梅汽水後來改叫白梅食品，亦即現在的南亞食品。白鹿汽水後來因簡長壽經營不善而倒閉，舊廠址在今日先聲廣播電台，土地改革館的對面大樓。

　　翁氏曾祖母享高壽，是綁小腳的傳統婦人，生了一個孩子，便是祖父陳炎成，祖父在孩提時期，曾祖父便過世，因而早早便須出外工作，在大廟旁陳合發店內做長工，因而發跡。後來獨立開店，店址便是舊源成所在，麻油店也在此，再後來改做糕餅。祖父沒念過甚麼書，國小四、五年級便輟學，但寫得一手好字，做人老實，做生意有信用，大家都願意與他有生意往來，因而越做

越大。

　　陳教授的吳姓曾祖父原來從事代書工作，台灣光復後發行了第一屆的愛國獎券，祖父一時興起，拿了配給去買，不料竟中了第一特獎，於是買下許多土地，從桃園火車站一路延伸到內壢火車站，後抽鴉片上癮，將土地賣光。桃園國小旁，今國泰建設建案處，原為吳家宗祠，曾祖父親弟吳全醫師，為當時有頭有臉的人物，創建了信東製藥。

　　祖母是童養媳，六歲便以六塊大洋賣入陳家，跟著曾祖父，七、八歲便天天早起炊粿，再提著竹籃到廟口或火車站賣粿，因工作的苦力都匯集於此，中午需要吃飯，許多人會騎著腳踏車、三輪車到這裡賣吃的。祖母有著精湛的糕餅手藝，這也是源成糕餅的由來。民國八十五年時，祖母九十四歲過世，阿嬤對自己的作粿手藝相當自豪，自認無人比得過她，糕餅生意便一路做了下來，子女從小耳濡目染，也對糕餅生意嫻熟起來。

　　陳炎成之妻陳吳阿玉，育有八子三女，老大陳培聰，老二陳培智、老三陳王輝做蘋果麵，老四陳王徵是公務員，民國十九年出生，為陳教授父親，桃園國小、桃園農校畢業，為當時最好的學校，後至林務局做事，放眼桃園東眼山的林木，幾乎皆為陳教授父親親手種下。老八陳八龍，日文原叫陳八郎，陳家於日本時期堅持不改姓。因祖父過世得早，民國46年五十幾歲便去世，後代子孫多各自發展，祖父生性務實，不讓家中小孩去念考

到的好學校，認為踏實做生意就好。陳教授父親年輕時曾錄取神風特攻隊台灣少年工，在大園宜蘭受訓，結果出發前一天日本戰敗，成為心中憾事。

　　源成的 logo，就是一個人在擠麻油檯上做出捶搗的動作，陳教授一直到小學二、三年級，家裡仍在做麻油，民國五十五年小三時，舊源成重新翻修成如今的樣貌，後因中山路拓寬，從二層樓建築，再往後推縮，便成為現今的四層樓格局，隔壁陳金澎飲食店也同時翻修，陳金澎與陳炎成甚為要好，金澎老闆的孩子，也都是陳教授兒時玩伴。

　　源成餅店從中山路延伸到長美巷，便有一百多坪，舊餅店於去年賣掉，無法進入查訪。當時家族在博愛路附近的土地，約 2-300 坪。長美巷的土地，後來租給了天天樂公娼，陳教授小時皆在附近玩耍，呂秀蓮女士擔任縣長時，陳教授曾一間間訪問過，居民皆支持活化街區，認為可帶來商機，後來決定做類似小吃的生意。陳教授認為這既短又窄的小巷弄，如荷蘭的巷弄風情，即使紅燈區，也有可觀。

老桃園三大糕餅店

　　當時桃園三大糕餅店，分別為最早的中琦，地點最好的金城，以及金城對面的桃園屋，桃園屋後來經營不善，再過來便是源城，因陳炎成認為西點麵包是新興產

業，會有發展商機，甚至遠赴日本，找來會做西點麵包的師傅。

　　源城麵包一開始不叫源城，而叫老德豐西點麵包，原來販售南北雜貨，陳教授小學二、三年級開始，源成在中山路與民權路附近的文昌廟另一側交叉口，另開了一家西點麵包店，以應當時的需求。源成從陳教授大伯開始做麵包，後將傳統雜貨糕餅與西點分開，西點麵包則搬到對面經營，後來仍回到源成本店，西點雜貨與糕餅兼營。大伯過世後，便由三子王謙，大學畢業後繼承經營。當時中山路上開明照相館旁的雜貨店，則是大伯二子王勝自己開店經營。

　　三子王謙退伍後結婚，因善交際，其母希望由他來承接家業，王謙便決定將所有雜貨項目收起，眾人不解，認為營業項目眾多，較利經營，但王謙認為應經營利潤最高的項目，且當時便利商店逐漸興起，雜貨開始無利可圖，因而認為專心將麵包這塊做好，會有很大的機會。於是大伯四子王燦，便高薪請到後來的金運蛋糕店老闆，來源成當師傅，因其手藝精湛，極富創意。

全桃園唯一一家純素糕餅店

　　陳吳阿玉在中年求道後即一心向道，設立佛堂，名為「慧濟壇」，為桃園地區最早的一貫道佛堂。陳炎成子陳培聰五十幾歲過世，時民國 65 年，陳培聰亦一心傳

道。源成更因此走出全桃園唯一的素食烘焙路線，因家族是一貫道，尤其陳培聰妻古蓮妹，客家人，當時在桃園一貫道十分出名，傳道事蹟眾多。一貫道當時從天津傳來台灣，有五位極富歷史性價值的老前輩，其中兩位後來落腳桃園，在桃園傳道，古蓮妹協助道務甚多，老前輩住宿歸空皆在育德講堂。陳培聰後來更捐出一塊二千坪的土地給這位老前輩，做為桃園傳道基地，便是今日八德中山國小附近的育德講堂。

源成家族發心傳道，因一貫道信仰，一開始有葷食，後來全做素食，成為桃園極有特色的素食糕餅店。民國60-70年代開始，因當時台灣工業興起，桃園工廠眾多，許多南部人北上謀生，需要心靈寄託，一貫道因而蓬勃發展。

古蓮妹因為傳道，後學眾多，皆來店內採買所需，於是後來便全做素食，以桃園唯一一家純素麵包店，成為市場區隔的特色，更是樹立口碑的傳統老店。許多素食者，一定會到源成購買。古蓮妹傳道足跡遍及海外，日本、泰國、新加坡、馬來西亞，甚至在兩岸尚未大幅開放交流時，已有中國道親，多年前颱風天的歸空告別式，更有海外千百位道親前來悼唁。

族人開設全台第一家素食西餐廳

除了古蓮妹，其么兒陳王修生平事蹟，亦值一提。

陳點傳師，本名陳王修，道號正修，於民國四十四年十月二十五日，生於桃園市中心地帶，大廟景福宮旁的草店尾，於民國一○五年四月二十二日，因車禍舊疾，成道歸空。

陳正修點傳師從小即顯現多方面的天賦，喜讀書，家中藏有許多中西名著。也喜好藝術，有絕佳的美感鑑賞能力，因而後來的求學生涯，選擇了建築做為專業科目。

在優裕的家庭環境中成長，過了一個無憂無慮的少年時期。生活不愁吃穿，在朋友圈中廣得人緣，因生活富裕，花費無止，同學們戲稱為「老花」，也暗示著他在這一段期間有如花花公子一般地享受。後來其父歸空時的種種示現，以及種種因緣，陳點傳師浪子回頭，一夕醒悟，當時古前人的道場在慧濟佛堂，隨著渡眾日益增多，原有空間已不敷使用，因此乃思建築較大的傳道空間，陳點傳師所學是建築，於是在他的策劃下，一棟美麗的新天鵝堡式建築－崇光佛堂就此誕生，座落在桃園大圳之旁。

桃園大圳是台灣的文化資產，崇光佛堂座落其側，由對岸望去，好似一座美輪美奐的新天鵝堡，順著大圳的地形，陳點傳師以他的建築才華，設計了九彎的迴廊，讓一個水圳旁的畸零地，成了人見人愛的好所在。這是繼育德講堂落成之後，桃園市區內第二個大型道場。

之後，陳點傳師想往外拓展，台北是第一個考慮的

地方，他也想以較親近的方式來接引眾生。於是在一位
道親的介紹之下，開始經營第一間在台北市區內的素食
西餐廳。時值民國七十三年，素食人口尚未普遍，這是
很新潮的作法，當時文人雅士如林懷民等，皆曾造訪。
可惜餐廳因時運不濟，無法持續經營下去。

源成家族產業歷史

　　源成製作的麻油、雜貨糕點食品，還有麵線，在當
時桃園享有盛名，尤其麻油產業，更是老桃園首屈一指。
後因祖父過世早，所以將幾個產業分開，大伯做雜貨，
二伯被人拉軍伕到南洋當兵，很晚才回到台灣，回來後
模仿大伯，在現今日光照相館的位置，開了規模較小的
雜貨店，經營項目完全相同，後與表妹結婚，表妹家是
桃園最大的布店，在大廟後中正路上，叫耀裕布行，為
買布賣布的大盤商，其父簡耀宗，坐擁桃園第一家有電
梯的樓房。當時六、七樓以上的房屋，才會有電梯，於
陳教授六、七歲時建成，小時候常吆喝同伴，一起去坐
流籠（電梯台語）。麵線部分，則由身強體壯的三伯父
繼承，因做麵線需要力氣，後自創蘋果麵品牌，位址在
民權路。此品牌至今仍在，但將經營權賣給台中廠商，
風格風味，則與傳統口味一模一樣，殊無二致。

　　曾聽長輩提起，而使陳教授印象深刻的事，為四萬
元舊台幣換一元新台幣的重大經濟史，此事發生在陳教

授出生前，影響巨大，但無法確切感受實際影響為何。
出生後印象最深的事，則是關於餅店本身。因源成做的
是季節性生意，一到旺季，常突然有大筆進帳，因此要
有一座大金庫，銀行更須派人來駐守，每日生意結束時，
將錢捆好，鈔票點收完成，再帶回銀行去。

老桃園賢達匯聚一堂的陳龍湖公會

　　博愛路附近存有許多重要的桃園歷史，金蘭醬油原
在博愛路附近，前身為大同醬油。舊桃園有五大戲院，
包括中山路上的天樂戲院，其他三大戲院則位於博愛路
上：大同戲院、文化戲院，與東方戲院。文化戲院是桃
園最早的戲院，陳教授祖父喜愛看歌仔戲，常去文化戲
院觀賞放映的戲目。

　　關於桃園歷史，陳教授更提到在舊桃園盛名遠播的
陳龍湖公會。當時陳姓宗親裡，有 55 人拿錢買地要蓋陳
氏宗廟，皆是桃園最重要的產業經濟菁英好友，類似早
期扶輪社商界人士，大多姓陳，包括陳合發、陳炎成、
陳金澎，與陳鳳儀等，陳鳳儀台大經濟系畢，為第一銀
行經理，其父陳誠德在大廟旁開設誠德醫院，是留日的
東京大學醫學博士，若仍在世，應已 85 歲，醫院旁是賣
華歌爾內衣的紅屋女裝，為陳鳳儀之妻所開，陳炎成曾
在陳鳳儀之父陳四海處工作，再旁邊是金城。陳合發在
此開設的雜貨店鋪，是陳教授祖父陳炎成最初工作處，

祖父早年貧困，後於此發跡，自行開店，白手起家。

　　這些陳姓賢達，皆匯聚於大廟附近。因桃園多漳州移民，漳州人多姓陳，這群人士一口氣合資買下一塊地，位於三民路旁，大約在李登輝前總統桃園競選總部附近，目前為停車場，現有數百位會員持分。陳教授祖父還有十大同齡好友（同年公），縱橫桃園商界，堂妹小時常跟祖父四處拜訪，這 12 生肖兄弟會中，有明快祖父、金蘭的鍾番，葡萄糖會社的楊金城，王榮泰，桃客的簡長春、金寶老闆的祖父許財寶，陳幸如的祖父等。許多對桃園商界影響巨大的商界名流，多在陳龍湖公會裡，是非常典型的桃園市政商人脈結盟，目前面臨了新舊兩派分裂危機，因三民路地點甚佳，房仲業想介入，造成了土地糾紛，源成陳王謙先生便是其中一派的召集人之一。

　　永安路與中正路交會處，以前也是桃園大糕餅店之一，由李宗勳開設，現在隔壁開了間素食餐館，格局與昔時相同，其子與陳教授為建中同學。在那年代賣糕餅賣到蓋起三層樓，就是泰益麵粉廠，創始人為彭明達。新民街的源芳醫院，則為陳合發外孫徐振性所開，為桃園最早的醫師，徐源芳是徐振性之子，現址已改為屈臣氏。這些人皆在陳龍湖公會裡，其中有位陳寬仁，為美國哈佛大學博士，亦是陳合發後代。

　　博愛路附近的三角公園亦屬陳合發的土地，曾為洋樓，陳正晃亦是陳教授同學，從小居住於此，陳教授小

時常來這裡打棒球，因是縣長公館，幅員遼闊，陳長壽曾居於此，後蓋成金園戲院，可惜後遭祝融之災，付之一炬。

博愛路曾有許多木器行，後來演變成家具行，和平路上更有許多家具店。陳教授四弟的乾爹邱先生最早在此開設家具行，因母親帶不了所有孩子，便讓四弟認了一位奶媽，從小在此成長，奶媽夫家姓邱，今民族路、博愛路交叉口一帶，昔日為日本天皇出巡居所，皆為邱家所有。

商人性格造就桃園獨特街景

陳教授研究物業管理，清楚產業興衰，將影響地區發展，認為舊城區改造，政府責無旁貸。當時與林德福教授共同討論的共識，認為整條中正路都應改為人行步道，步行可將博愛路與和平路，一路串連到西門，此區的幾條橫向道路，因範圍不大，且單向開車不便，若政府出面推動，改為步行，更能在人行漫步中，感受到桃園古堡的生活意象。然而歷任縣市首長主政期間，桃園核准了為數甚多的公娼營業所，相當程度將這裡的產業拔除了。

桃園市中心的產業，多由一家一家的獨立店舖組成，如奧黛莉內衣的前身為心心內衣，一開始從南門市場做起，金寶、仁寶的許勝雄老闆，則是在大廟前五金

行發跡。陳教授談到這樣的產業模式，適合永續經濟，因個人會為自己的事業打拼，永續經營才成為可能，是標準的自由經濟、生態經濟，而大賣場屬於老闆，不屬於員工，透過資本發展，缺乏共同情感；這些雜貨、五金百貨產業目前難以生存，因被大工商綜合區併吞，除非公部門資源投入，如改善公路交通，利於步行，解決停車問題，認為公權力應於四周蓋建停車場，例如文昌公園下方，讓人潮容易進入，才能散步逛街，老桃園如歐洲城堡區，適宜漫步閒逛。呂秀蓮女士擔任縣長期間，陳教授找來台大時期同學，巴黎建築博士楊之寶，楊後來擔任駐法大使，當時請楊針砭桃園城區問題，楊建議了十條單軌輕軌電車，經過中山路，聯結桃園中壢，無須高昂花費，三年可成，因中山路旁的停車場使用效益不佳，若轉變為輕軌用地，產權屬市政府，市民易進入市區，許多宜居城市都有輕軌電車，比公車更方便。民眾容易進來，地區風貌凸顯了，自然近悅遠來。而非如這 20-30 年來花錢開大路，服務大型工商綜合區與大財團的模式。但陳教授也指出，都市發展光靠市長，成效不彰，要靠市民自覺，因民主政府會討人民歡心，政府無所作為，相當程度代表市民不在意，默然無感。

　　桃園城區發展，人人想法不同，符合雜居現況。由剛開始漳州、泉州，閩客泉混雜，中心是漳州、泉州人，客家人在外圍，卻是標準的福佬客，幾乎不說客語。桃園漳州人傾向娶桃園客家老婆，閩南語卻說得比桃園人

還流利。陳教授母親便是客家人，卻幾乎不同他說客家話。外祖父說的是詔安客語，目前為數不多，不是一般的四縣客，陳教授記得外祖父說起詔安客語時，眾人皆聽不懂，問其原因，外祖父才說，這是他自己父母的語言，也用這語言祭祀。

老桃園文化界風流人物

至於舊桃園的文學人物，陳培聰有幾位知交故舊如陳連捷，是詩社詩人，中壢外祖父叔公輩，則屬中壢詩社。早期漢詩分為河洛漢詩與客家漢詩，當時書寫工具是漢文，即使受日本教育，但談及文化，仍須使用漢文。陳連捷為桃園詩社代表人物，曾與陳恭度一同吟詩，作河洛漢詩、古詩七言詩、五言詩，為桃園漢詩詩人，吟詩作對常奪冠軍，桃園土地公廟柱的對聯皆出自他之手。而說到桃園客家漢詩詩人，陳教授的叔公，亦即外祖母的弟弟，與外祖父堂兄弟邱垂周先生（擔任過三任中壢市長）兄弟，皆為中壢詩社代表人物。他們週週吟詩，每到陳教授家，便贈詩一首，由陳教授彈曲唱和。桃園俳句詩人陳崇豪，是陳合發的會計，陳教授父親的同學，詩作亦曾發表於日文讀賣新聞。後居於和平路、春日路開藥局的親戚家附近，現已過世。

外祖母邱楊阿妹，為中福村客家人，外祖母堂弟為台灣文化協會秘書長，姓楊。昔日因堅持不改日本姓，

甚至參加抗日，而被關在獄中。表舅叫楊粵民，表示來自廣東。陳炎成則為生意人，政治色彩淡薄。

　　陳教授曾寫過一篇文章，請夏鑄九代序，序中寫道，一般人問起桃園在哪，有何特色？多會回答，國際機場、豆干、慈湖，但桃園市卻不見了。關於桃園的都市性格，充滿商業投機，許多大生意人皆出身桃園，如金寶企業，因而難以留下文化史蹟，如日本大阪，但都會性格依舊可以有很好的文化發展，如大阪水稻。可惜的是，大阪、紐約有自身的文化認同，桃園卻缺乏深刻文化意識，中壢則相反，文化認同強烈，所以出身中立的外祖父母那邊，國家民族意識深厚。

桃園百大風光

　　陳教授在健行科技大學任教時，曾寫下《桃園百大風光》，當時自由時報以整版介紹此書，書中精選出全桃園一百處，有保存價值的建築景觀，但出版迄今，多已不復留存，令人不勝唏噓。桃園景觀已是支離破碎，文資保護一個是一個，如七號鐵道倉庫，亦值得活化。長美巷裡有一間屋宇，以及東方戲院旁的私人紅磚洋樓（林氏儷竹居），皆是日本天皇下榻過的房舍。陳教授更曾於此書中介紹過金蘭醬油的鍾番別墅（鍾氏大院、鍾氏古宅），這座彷彿羅密歐與茱麗葉相遇的城堡，後改為十里洋場餐廳，兩三年前拆除改建為大樓，令陳教

授欲哭無淚。

　　桃園大圳是 1924 年的日本時代，為了灌溉水利而興。桃園大圳的保留，當時由陳教授極力促成。時任縣長的劉邦友擬將大圳加蓋，陳教授便將桃園文史團找來，與范剛強兩人，共同為桃園大圳請命。後來劉邦友召開公聽會，決定加蓋，不料宣布五日後，便發生劉邦友血案，陳教授認為或許是天意，桃園大圳因而得以留存。當時水利會會長甚為驚訝，特意來找陳教授，決定將大圳兩側重新規劃美化，才造就今日的樣貌，這區域可說是當時擬參選桃園市長的黃國瑞先生政績，美化之前，還做了大圳巡禮。

　　桃園忠烈祠原為日本時代神社，其雙十鳥居是世界唯一的造型，定須保留。當時文化局請陳教授活化神社，陳教授認為神社是文化場域，可以是很活潑的所在。日本神社每隔五十年便自動維修，三十年一小修，五十年一大修，台灣情況則相反，若列入古蹟，永遠不能更動，只能以忠烈祠的形式，讓神社免遭破壞。陳教授不停思考，如何活化這獨一無二的古蹟？咖啡廳顯得突兀，後來想到日本京都的「哲學之道」，若將桃園神社、孔廟、三聖宮，以步道串起，以步行或騎自行車的方式，行經幽幽小徑，或可平衡過多的產業大道。

　　陳教授當時更請台大城鄉所的林德福教授，規劃桃園地區發展架構。在健行任教期間，希望爬梳桃園古堡歷史脈絡，後來利用在北門國小上課期間，研究了桃園

古堡歷史。桃園是座古堡城市，整個發展的脈絡，皆從古堡開始，充滿了故事性。桃園古堡意象，極類似歐洲羅馬、威尼斯諸城，規模不適合開車，更適合單車漫遊。

　　桃園還有兩座廟宇，與泉漳互鬥歷史有關，昔時漳州人先來到此，霸山為王，佔據了居住中心，泉州人則居於另一處，桃園城堡因此沿著南門溪、東門溪，東西南北四城門，蓋成護城河，東西南北四方，各建起一座廟宇，如現今拆除重建的西廟。陳教授語重心長提及，捷運約六年後通車，此時若不能鞏固城堡印象，到時就更難以保存。桃園發展依循城堡意象而生，有城堡就有聚落，有聚落就有人民生活的痕跡，便有產業。記憶性的地標如西廟，十分重要，三級古蹟景福宮，亦要留下，桃園古堡是清代遺跡，城廓則是日本時代的建設，桃園一路從清代發展到日本時代，城門遺址、護城河，東門溪、南門溪旁的城牆，桃園國小旁的南門溪，後來加蓋，陳教授認為將其回復原狀，才能喚起當年阿嬤賣粿時的歷歷情境，而每一口飲食的味道，皆能喚醒人心中最原初鄉愁的溫熱記憶。

藝術攝影日光照相館

（受訪者：簡淑芳女士　紀錄：陳　維）

日光照相館

日光照相館

民 47-48 年正月十七，
景福宮拜拜巡街迎媽
祖，有許多廟會活動

小孩綁在人踩的三輪車鐵架上遊行，
是如今電子花車前身

永　恆

就算你的容顏
會在歲月中腐朽
你的靈魂
卻會在我的凝望中永恆

（詩：陳　維）

獨樹一格的藝術攝影

　　日光照相館於 1960 年前便開始經營，老闆簡新登是桃園大溪人，後來在博愛路創業，開了日光照相館。當時博愛路尚未發展起來，整條馬路，放眼盡是樹木，鬱鬱蔥蔥。一如許多傳統產業，第一代老闆簡新登先生一開始先從學徒做起，當時沒有攝影學校，老闆於是跟隨照相館師傅學藝，謀生需求，加上興趣，自然而然，活到老學到老，發展出了他獨特的藝術攝影風格。即使後來照相館面臨了數位相機普及化的衝擊，照相產業式微，卻不曾興起改行的念頭。目前由第二代簡淑芳女士承接，因從小耳濡目染，也培養出對攝影的興趣，全職經營，已逾十年。日光照相館的客人多經由朋友介紹，口耳相傳。許多熟客往往一時興起，就會來店裡，拍攝美麗獨特的藝術照，有的甚至一個月內，多次光臨，足見攝影師功力深厚。日光照相館的經營理念，便是將興趣當職業，將職業當興趣，對拍攝要求嚴格，第一代老闆、第二代老闆娘、館內師傅都要精通各類攝影。

　　問及日光照相館的攝影精神，簡淑芳女士堅持只有一個原則，那就是要拍出最好看的照片，這便是日光服務的本質。拍出最好的照片，客人便會幫忙介紹，口耳相傳的口碑行銷，客人滿意，主動上網推薦，新客人因而得知，近悅遠來。自認拍不好的照片，也不會拿給客

人，否則現在人手一機，手機自拍即可。除了輸出相紙，
日光更有手工相紙的沖洗服務，作法不同，質感更為細
膩。日光因其堅持，在採訪的尋常午後，客人仍絡繹不
絕。有的客人甚至因為信賴，而成為朋友。

彷彿走進時光迴廊的復古裝潢風格

　　不只攝影技術精湛，日光照相館的裝潢風格，亦獨
樹一格，與民國 30-40 年代一般風格的照相館，大異其
趣。在那個拍攝一組相片不過幾塊錢的年代，簡新登老
闆一開始依循舊例，彩色照片用顏料畫上，後來卻突破
常規，創造出獨有的個人攝影與裝潢風格。店內藝術照
經過油畫風格處理，呈現如畫般的夢幻效果，老闆亦會
建議客人使用油畫風格處理，因台灣天氣潮溼，油畫處
理保存效果更為持久，也少了玻璃錶框的反光缺點。現
在客人要求講究，以及大環境驅使，大部分同行都轉業
收起，老闆卻仍堅持個人風格，不考慮轉型，以復古攝
影為特色，對於人像攝影的呈現效果，簡淑芳女士亦認
為適度保留相片陰影，除了寫實生動，也能凸顯人像的
層次韻味。

　　日光照相館整間店皆由老闆親自設計，店內裝潢約
十年、或有預算時便翻新，由此可見老闆對這間店投注
的情感。老闆喜愛閱讀，受日本教育的他，品味乾淨俐
落，對裝潢的概念，皆得自書籍，再融會生出個人風格。

雖非家財萬貫，無法用昂貴的裝潢材料，卻也非隨便找木工敲敲打打，湊合將就，而是請來專業的設計師，將自己心中的概念，具體表達，交由設計師完成，呈現出以羅馬柱裝飾的日式歐風風格。比起台灣多數相館的簡約特色，簡新登老闆以復古華麗的相館裝潢，襯托其個人色彩強烈的攝影藝術美學。

關於博愛老街社區改造計畫，簡淑芳女士也提供了身為社區居民的切身看法，認為當務之急，應先將馬路整平，若要鋪設紅磚道，應先請市政府劃設雙邊穿插的路邊停車格。路霸亂象消失，老街店家便不須再搬椅子、衣架、滅火器、盆栽擋在路面，破壞街容。除了老街沒落，博愛路本身未經歷重大歷史衝擊，無論是日本時期、或國民政府時期，街道樣貌皆無太大變動。且照相館因非大企業，政府政策對傳統產業而言，並無影響巨大的好壞效應。

大環境所趨，目前除了證件照、藝術照、也有室外個人、團體攝影，外拍地點不限，所有照相類型都接，包含婚紗照、婚禮照，但客人須自理婚紗妝髮。台灣目前照相館分純攝影與婚紗店兩類：婚紗店因企業化經營，前景樂觀，照相館則變化較大。日光照相館不走婚紗館路線，選擇日光婚紗攝影的客人，重質不重量，多為了留下幾張經典珍藏的婚紗照。拍照與個人預算有關，現在許多人認為手機拍照就好，雖仍有客人來洗生活照，但為數不多，且因日光照相館走專業人像路線，

客人亦深具品味，使得店家本身屬性，也避開了產業趨勢的衝擊。但因博愛路沒落，也曾遭遇經營困難，例如時有客人不知博愛路的位置，卻因本身不是大型企業，雖有影響，但無造成重大衝擊。大多數客人因缺乏攝影經驗而放不開，但老闆堅持拍出客人個性，會給予客人適合的建議，如笑容、姿勢種種細節，慢慢引導，因而深獲客人肯定信賴，半世紀以來，以其獨特精彩的復古攝影風格，為客人留下了在歲月中最美的瞬間。

傳承三代的健民潤餅

（受訪者：吳聯德老闆　　紀錄：陳　維）

健民潤餅　　　　　　三代傳承的古早味潤餅

古早味潤餅、魚丸湯

健民潤餅老照片

春　捲

一捲一捲
捲起了童稚的麻花辮
捲起了口中的童年滋味
捲起我記憶中的春天
一年一會
捲起了老街的繁華落寞
捲起了成、住、壞、空
虔敬的、溫熱的
都收進這一捲
一口就道盡所有滋味的
舊時光

（詩：陳　維）

口感獨特的古早味潤餅、魚丸湯

　　只靠潤餅與貢丸湯、魚丸湯，健民潤餅如何得以傳承三代，榮獲桃園金牌好店的殊榮？甚至近年來知名的美食節目，如美鳳有約、食尚玩家，台灣耳熟能詳的新聞媒體，都曾採訪過這家老字號店家。但老闆生性低調，認為媒體採訪熱潮皆為短期效應，因而從不將採訪海報貼出，只靠老客戶口碑，口耳相傳。可惜的是，如此知名的巷子內美食，因為生意繁忙，加上早期無相機，與許多商家一樣，留下的老照片不多，且舊時不像現在有許多美食節目宣傳介紹，自然不會刻意拍照留存。

　　不過，同樣身為老店家，健民潤餅與百年品芳食堂不同，因品芳傳統台菜的製作極費工，加上第一代年事已高，第二代皆另有工作，無論是年菜、幾乎失傳的古早料理，以及便當，都需特別預訂。健民潤餅目前為第二代老闆吳聯德，與第三代親戚家人共同經營。老闆本人的小孩雖都在外做事，目前經營順利，第三代親戚對接棒傳承也有意願。可見傳統產業的經營性質，大幅影響了未來的發展走向。

　　健民潤餅草創時期的第一代老闆，是現任老闆兄長，當時在東方戲院樓下當起學徒，搬來現址後，曾兼賣三年冰菓，時約民國 69-73 年間，夏天賣剉冰如紅豆冰、四菓冰、愛玉冰、烏梅冰，提供免費烏梅讓客人自

取，冬天則賣潤餅，因某些食材如白蘿蔔，早時受生產條件的限制，夏季無法生產，後來因為高山蘿蔔的種植技術突破，夏季也可取得蘿蔔，才將冰店收起，專做潤餅。

健民潤餅味道獨特，與一般潤餅截然不同，也不像南部食物口感偏甜。一般潤餅餡料較簡單，如高麗菜、蛋皮炸的蛋酥、花生粉，健民潤餅的蛋酥卻是用麵粉下鍋特調炸取，材料皆自備自調，如其中以咖哩粉入味的白蘿蔔絲，皆十分費工，不像高麗菜汆燙即可。

而古早味的福州魚丸湯，佐料是以六十幾年前的古法調配而成，風味始終如一，以大骨熬成鮮甜湯頭，甚至請師傅將魚漿特別打 Q，以增加彈性，使得健民魚丸湯吃起來，有著不同於其他店家的特殊嚼勁。

早期賣潤餅的店家不多，現在清明時節生意特別好，但老闆也發現世代差異，這類傳統美食，並非年輕人喜好的食物種類。目前生意與鼎盛時期相比，有些許下滑，顧客大多是老客人，從小吃到大，後來結婚生子，再帶先生孩子來吃。整間店面充滿古早味，連電扇都有著超過一甲子的歷史，跟隨東方戲院舊攤位，一同搬移至此。當時博愛路為夙負盛名的皮鞋街，西裝店林立，附近民族路上多為家具店，中正路則賣雜貨雜糧，桃園傳統三大餅店，中琦以蛋糕聞名，金城是麵包，源成則是麵龜與訂婚大餅，後從傳統項目，改為精緻路線。這幾條路縱橫串接，全區發展成了舊桃園市中心的繁華地

帶。

　　目前經營模式大致維持以往運作方式，但營業時間隨時代不同而有所改變。目前早上九點開店，晚上六、七點賣完收攤。以前隔壁的金園戲院還在營業時，從早上九點，做到散場十一點，從早到晚無輪班。博愛路最熱鬧時期，健民隔壁還有間大眾飲食店，目前則搬回慈光街自有店面，以省租金。

桃園最早百貨公司：天鵝百貨

　　健民潤餅承租的大樓，也是桃園最早百貨公司天鵝百貨舊址，老闆小時候曾去逛過，時約民國 50 餘年，當時地下室是咖啡廳尋夢園，整棟都是大樓房東自營，持續經營了十年左右。

　　隔壁金園戲院的歷史也值得一提。金園戲院二、三十年前曾整修後重新營業，後因繼承與租金問題，又遇上 SARS 疫情爆發，當時政府為宣導防疫，希望大眾避免到人多的公共場所，因戲院屬密閉空間，生意受到影響，才停業收起。位於大湳的二輪戲院民和影城，和金園同屬一位老闆，目前仍營業中，金園戲院經營較晚，卻因 SARS 與種種因素，較早歇業。

　　經營數十年的健民潤餅，也歷經了數個時期的發展階段，一開始在大廟前設攤，後來再到東方戲院樓下的美食街掛攤位承租，當時客人多是戲院觀眾。民國 69

年東方戲院整棟拆除，改建成後來的東方百貨，才改租現址，一開始租金為兩萬元，景氣最好時達五、六萬，現在則為三萬元左右（目前博愛路租金約一萬出頭，但健民潤餅因設備固定，無法搬遷至博愛路其他店面，於是長期續租）。吳聯德老闆繼承店面時，已搬遷到現址，當初東方戲院的攤位是姨丈設立的，那時戲院攤位租金約幾千元左右，同時期一般民眾的薪資，約一萬多元，可為當時物價參照。

　　緊鄰大廟旁的東方戲院改建後，租給他人經營，再轉型為東方百貨，但因後來太多百貨同業競爭對手如遠東百貨，經營不久便關閉歇業。原天鵝百貨大樓則分間出租，如二樓出租給日本料理店、理髮廳，與電動玩具間，但因店面性質，皆承租不久，三樓為卡拉 ok、四樓戲院，一樓則為飲食店。

　　以前台灣飲食產業不多，如東方戲院美食街，早期只有 20-30 攤類似舊遠百的攤位、夜市，現在競爭較以前激烈。桃園夜市最早在民國 70-80 年間，範圍亦只限三民路，以及再過去一段的中正路，後因交通關係，才遷移到更後段的巷弄裡，並擴及兩側。目前許多店家，更因都市發展，搬移到藝文特區。

　　面對穩定的客源，問到健民老闆有無開分店的想法，老闆回答因需考量種種因素，如自行備料、紅燒肉等材料費時費工、以及人手問題，不像小攤販一個攤位就能搞定，外面的潤餅攤車食材較簡便，豆干、高麗菜、

豆芽簡單快速汆燙即可，且熱門地點如桃園南門市場、八德大湳市場租金昂貴，台灣不同於香港飲食文化，香港吃東西跟著師父跑，台灣則跟著店走，因此仍選擇現址，穩健經營為上。

　　除了對新聞媒體報導保持低調，老闆認為網路效益也只是短期，網路口碑亦待商榷，因此皆以平常心待之。說到經營現況，老闆提到目前周遭整體環境沒落，有客人希望夜市能移過來，老闆也贊同以夜市方式經營，將人潮帶入博愛商圈，但恐怕造成某些住家與店家衝突，更好的方式，或者可讓產業進駐，將博愛老街店面出租，由政府舉行招商說明會，協助社區改造，先從小區域做起，如同基隆廟口、新竹城隍廟口的發展模式。基隆廟口原先只有一小條街市，因政府重新規劃，使舊市區轉型，帶動了整體商圈的發展。甚至桃園本身的中壢夜市，也是晚近發展起來，中壢市公所才順勢遷至夜市區，搭配政府資源如停車場，街景美化工程，成為了成功活化的案例。言談之間，可感知吳老闆對博愛老街與桃園家鄉的關懷，鉅細靡遺的記憶，以及對故鄉未來的期盼，如他手中樸素簡單的好滋味，雋永實在，也令聽者升起同樣的期盼，由衷祝福這座舊城繁華的過去，與明亮的未來。

桃園僅存手工旗袍
鴻翔旗袍行

（受訪者：張師傅　紀錄：陳　維）

衣

將你眼中的風景
穿成我身上的彩衣
若整個天地
都成為你自在的衣袖
你遙遠的距離
或許也從未走出，我的心裡

（詩：陳　維）

桃園僅存的手工旗袍店

張師傅

民 68 年執業至今

張師傅長女　張師傅二位千金

上海手工旗袍

許師傅手工洋裝

傳統女裝

跟隨上海名師學藝，其師曾為蔣宋美齡
女士量身訂做旗袍

　　鴻翔旗袍現為桃園僅存的手工旗袍店，執業的張老闆十三歲小學畢業後，便開始了旗袍學徒生涯，等於是在西門町長大的孩子。張師傅拜師學藝的老師傅名氣響亮，說起陳師傅無人不曉，連蔣宋美齡女士也曾去訂做旗袍，可見其手藝精湛。說到學旗袍的因緣，當初比張老闆大兩、三歲的鄰居友人，到台北學做西裝，回鄉適逢張老闆小學畢業，因張老闆家中五男三女，共八手足，農地不足，當時年紀尚小，不會幫自己拿主意，父母務農，也不會幫孩子出意見，聽張老闆說要去當學徒，便應聲答應。張老闆剛開始當學徒時，樓下是理髮店，清一色男師傅，因當時做頭髮較熱門，因而曾想學理髮，但男師傅做頭髮回南部往往被取笑，後來便決定學旗袍。一開始並非出於興趣，做到後來，也生出興趣，持續至今，已有 50-60 年的豐富資歷。張師傅一開始是到高雄學旗袍，當時做旗袍分為上海師傅與福州師傅，張老闆認為福州師傅對學徒較為嚴苛，學徒晚餐常只能吃師傅中午的剩飯，師傅晚上的剩飯，隔天再給徒弟吃。張老闆不習慣，沒多久就上台北找鄰居，當時鄰居工作處不缺學徒，便問張老闆要不要學旗袍？於是張老闆便從雲林北上，跟隨上海來的老師傅，在台北開的綢布莊

當學徒，這間綢布莊目前仍舊營業中，內有旗袍師傅，
更有歐洲客人來店裡訂做旗袍。昔日師傅在布店樓上，
客人選完布，師傅便下來製作。

　　傳統學徒生涯需三年四個月，才得學成，因一進旗
袍行業，並未開始學習，而是幫忙帶小孩，甚至煮飯。
張老闆投靠的老師傅，學徒無須煮飯，但需做衣服幫師
傅賺錢，師傅則會給點零用錢，為數不多，約幾十元。
三年學成，若技藝尚可，便可論件抽成。張老闆憶及學
徒時期，老師傅店內所售布疋，琳琅滿目，比桃園鴻翔
多出甚多。以前台北的鴻翔布莊，在台北中山堂附近博
愛路〔現總統府博愛特區後面〕與衡陽路處，當時布店
裡有 20 幾位師傅，做事小姐也有 20-30 個，一家布莊，
40 家裁縫店都做不完，買布人潮，多如拜拜，人手三四
件、五六匹布，為尋常景象，苗栗以北，宜蘭以下，都
會來台北博愛路添購布料，如今現況蕭條，產業變遷，
令人不勝唏噓。

　　張老闆當學徒時住在漢中街五樓，那時西門町附近
盡是現成西裝行、電影院、歌廳如日日新，繁華熱鬧。
張老闆小時待過的旗袍工廠便坐落於此，工廠在西門
町，店面則在城中，老師傅在店裡接到旗袍訂單，便拿
到工廠交由十餘位師傅製作。當時常早上九點起身，做
到凌晨三四點，常須趕工，一天便須做出兩件旗袍，搬
到桃園後，也常做到凌晨兩三點。張老闆有句慣常話：
「生活不是布床，就是眠床。透早來布床，暗時回眠床。」

（台語。布床指旗袍工作台，眠床指睡床。）過去時機好，常接到今天訂作，明天交貨的訂單，一件旗袍五千元，急件客人便會給兩倍價錢，要張老闆徹夜趕工，隔天早上交件。

上海旗袍與福州旗袍大不同

張老闆接著細細地介紹了旗袍分類：

按襟型分：圓襟、直襟、方襟、如意襟、琵琶襟、斜襟、雙襟；

按領高分：高領、低領、無領；

按袖長分：寬袖、窄袖、長袖、中袖、短袖、無袖；

按開衩分：高開衩、低開衩；

按長短分：長旗袍、短旗袍、夾旗袍、單旗袍；

按面料分：布類、呢絨類、禮服類。

張老闆更進一步說到上海旗袍與福州旗袍的不同作工。例如上海師傅使用彈線、壓線，福州師傅則用餅畫線，上海師傅工較細，台灣則兩種旗袍都有。福州師傅用彎尺，張老闆師承上海師傅，不拿彎尺，同樣用線，依尺寸一段段壓出彎線記號。訓練學徒同樣嚴格，出師時間也相仿，但上海師傅的店多為高級店面，開在高價地段，如城中皆是上海師傅，無福州師傅，西門町則福州師傅和上海師傅均有，內江街、林森北路舊稱旗袍街，

以往皆是旗袍店，約有四五家，皆福州師傅，現亦沒落。

　　說到與老闆娘的緣分，兩人初遇時，老闆年約二十歲，尚未當兵，兩人結識於一家時裝公司，位於東區大安區公所、頂好市場與敦化北路仁愛路附近，那時張老闆做中裝旗袍，老闆娘則做時裝洋裝。彼時東區不似今日熱鬧，多是大片土地與垃圾堆，如今西門町與博愛特區店家，因城區經濟結構改變，紛紛移至東區。

　　張老闆原先預計退伍後至東區開店，卻因路邊房子太貴，找不到合適地點，轉而尋找巷弄內店面，後來才跟朋友一同到了桃園開店。當時桃園店面附近有許多酒家，更早還有舞廳，早期酒家生意興隆，小姐皆穿旗袍，旗袍產業沒落，也與酒家沒落有關。博愛路租金亦與景氣息息相關，東方百貨尚開業時，昔日租金最高可達十一萬，現在不過一萬多元，民國七十幾年承租五年的舊店面，租金也約一萬元，再後來的店面約兩萬五，最多三萬左右。桃園博愛路與市中心店家在老街沒落後，紛紛遷移至藝文特區，大多為餐廳。面對老街沒落，張老闆認為主因有二：停車問題與特種行業，新民停車場距離老街太遠，希望以夜市模式活化老街，進駐各式店面，而非僅讓小吃攤匯聚，影響原本店家。

桃園僅存的手工旗袍店

　　張老闆回桃園開了鴻翔旗袍行，與老闆娘分工，張

老闆負責做旗袍，老闆娘許師傅則負責做洋裝禮服。當時洋裝生意亦忙碌非常，但因老闆娘體質較弱，所以不像張老闆常熬夜趕工。張老闆笑說自己年輕時手腳快，是急性子，一做起旗袍，便不覺疲憊，於是維持長時工作模式，一裁好，便想立即做好，不拖拉延誤。當時一件旗袍，未滾邊，裁好五小時可完成。憶及學徒時期，遇到來台觀光的日本客人，喜歡做件旗袍帶回去紀念，總在下午兩三點，導遊帶到布店看料，五六個客人選料、剪料，老師傅將布料拿回，學徒一人發一件，隔天交件。桃園生意興隆時，還接過許多團體訂單，如連續七年獅子會、（蘆竹）婦女會、廖秀蓮校長的旗袍訂單、一貫道合唱團、插花協會等個人與團體訂單，民國七十幾年生意鼎盛時期，還請過三四位師傅，拿回家裡幫忙製作。團體制服訂單多時，更需時兩個月，才能交件。921 地震後，生意便慢慢沒落，早先外省客人出門必穿旗袍，也與景氣有關，景氣好時有閒錢添置新衣，台北貴婦總穿旗袍喝下午茶，或穿去跳舞。大陸現成旗袍來台後，十幾年來生意也變淡許多。

　　博愛路繁華時期，曾是嫁妝街，也販售皮包、飾品（但較少），當時已有韓國進口皮包，後來成為皮鞋街，國光皮鞋生意鼎盛時，曾連開八家。客人往往在博愛老街，訂作西服、皮鞋、買皮包，成為一條滿足客人日常穿著所需的街道，當時張老闆已在此開店執業，安身立命。

　　張老闆更曾在博愛路 171 號開過婚紗店，因 20-30
年前開始流行婚紗照，但因自己只有禮服，無照相技術，
只好收起。當時婚紗與店家合作，搭配自家製作的旗袍，
並提供飾品、禮簿，同時期桃園國小後門也開始有了幾
家婚紗店，至今仍持續經營中，其中一些老闆原先做西
裝，後來轉型為婚紗店。

　　桃園博愛路約有五六年的時間，有三家手工旗袍店
在此開業，目前旗袍店都向大陸現成旗袍商切貨販賣，
只剩鴻翔旗袍堅持製作手工旗袍。民國 68 年至今，一開
始在博愛路與南華街三角交叉路口開店，第一間店經營
約三年，第二間五年，在桃園共搬遷了五次，都在博愛
路上，分別在 171 號、154 號、146 號、144 號與 162 號。
目前承租的店面約 46 坪，屬舊式 L 型格局。

　　鴻翔旗袍製作的手工傳統服飾，男女皆有，女士為
旗袍洋裝，男士則為短衫。以前皆為常客的日常服飾，
現在難得婚禮喜慶才盛裝打扮。目前客人偶有穿著旗袍
的場合，多為婆婆媽媽娶媳婦，找不到旗袍店，從網路
看到介紹，才得知這家桃園僅存的手工旗袍店。也有客
人因路過好奇，特意進來張老闆店內拍照留念。

　　鴻翔旗袍的客人，多無特別要求，對張老闆的手藝
十分滿意。曾有澳洲客人來訂做旗袍，一年後要嫁女兒，
特地再來電訂做，遠渡重洋將相片與尺寸傳真過來，讓
老闆依相片中的布料做好，再寄過去，也有美國客人，
皆是來大爵飯店旅宿期間，四處閒逛時經過旗袍店，一

時興起而下訂，兩天之內，便又做出了一件華美旗袍，將台灣老師傅的精湛手藝，飄洋過海帶到國外。

縫於旗袍背面內裡，船上六隻鳥的標籤，便是鴻翔的標誌，傳承自大陸老師傅，因其子未繼承旗袍手藝，目前台北的博愛路老店，老師傅退休後便出租讓店員經營，自己的店面與工廠皆收起。張老闆學成時，老師傅便到美國去，希望將來能回大陸。因張老闆未特意至大陸查訪，不知大陸本店是否仍繼續經營。

目前張老闆的手工旗袍，與傳統旗袍相比，款式有所改良，現代旗袍除了長度改短，店內布料款式繁多，客人多在店內選布訂做，桃園其它布莊或迪化街永樂市場，多手工飾品與玩偶布料，也難以購得旗袍布料。

張師傅更強調，台北學手藝強調專精，不像其他縣市西裝旗袍同時製作的複合式店家。甚至同一家西裝店，西裝上衣與長褲也分開製作，先學做褲子，學成再做上衣。等上衣專精，便不再做褲子，交由女店員製作。台北師傅再沒有工作，也不賺份外勞務，今昔皆如此，客人往往在旗袍店做旗袍，再到附近店家訂做西裝。位於博愛路上的豪華少爺西服老闆，為張老闆自小舊識，從台北下來開店，其子目前繼承了訂作西服手藝，亦為桃園少數堅持手工製作的傳統西服。

目前張師父因體力有限，手工旗袍訂做交件，需時一個月。以前一兩天可做一件，目前則是三四天一件。洋裝以往需時兩個工作天，目前則以一個禮拜出貨為原

則。手力眼力，隨年紀皆有影響，張老闆現在因而放慢步調，半做半退休，預計五年內退休。與百年品芳食堂同樣面臨傳統產業後繼無人的困境，傳統手工旗袍即使有訂單，目前也找不到師傅，60幾歲的張老闆，已是最年輕一代的手工旗袍師傅。張老闆的兩個女兒，對手工旗袍無意繼承，但以年輕人擅長的網頁介紹，讓更多人接觸手工旗袍之美。張老闆表示，若年輕人真有心學習，一年半載，便可出師學成。張老闆兩個女兒出嫁時，更穿著父親為女兒親手縫製的旗袍，一針一線，都是父愛。

　　老闆娘的手工洋裝，一件約一萬元，與旗袍價格相仿。目前店內做洋裝的客人多過做旗袍的客人，因年紀因素，穿針引線甚傷眼力，尤其是縫扣子的細針、手工旗袍的滾邊，先以縫紉機扎一道線，另一道則是師傅一針一線親手縫紉而成，這是張師傅的堅持，若全用縫紉機縫製，便不叫手工旗袍了。洋裝則不強調手工，主要縫邊可用機器車縫，但手工旗袍與洋裝，同樣費工。時裝部分，日本貨較細膩、韓國貨較粗糙，韓國貨也影響了台灣的手工時裝市場。張老闆認為洋裝手藝最精，只要對照圖片，各式洋裝，皆能製作，旗袍只有滾邊與否和拉鍊位置的差異，負責洋裝製作的許師傅，甚至幫陳莎莉等大明星量身訂做過多款禮服。

　　目前手工旗袍一套最便宜也要八九千元，大陸現成旗袍不過兩三千元左右，價差懸殊，使得手工旗袍產業面臨嚴峻挑戰，目前雖維持原價，但訂單量不可同日而

語。但張老闆觀察，以前大陸旗袍價格低廉，台灣會拿衣服款式與尺寸到大陸訂作，目前大陸物價抬頭，訂單可能回流，所以維持原價，也合乎現實考量。張老闆不排斥與百貨公司合作，但提到目前抽成成數，則認為過高，提及早期在台北布店，店內師傅製作旗袍，抽成不過一成。

　　上海目前仍有手工旗袍製作，卻比張老闆的還要昂貴，深圳較便宜，但裁法與張老闆不同，即使修改，修改費與原價不相上下，也易裁壞，手工旗袍因而成為服務特定客群的精緻產業。手工西裝因有上班族客群，沒有生存問題，旗袍屬於貴婦族群，早時一做就五六件，甚至十來件，今日惜衣如金，久久才做一件。台北目前仍有手工旗袍師傅，張師傅後來更有一些朋友進而學習手工旗袍的技藝，老闆對此抱持肯定與期許，盼望這一針一線縫製而成的傳統記憶，能在有心人的堅持中，綿綿密密、細水長流地傳下去。

桃園首間商務旅館
大爵飯店

（受訪者：張得均總經理　紀錄：陳維）

桃園首家商務飯店

第二代張得均總經理

經濟實惠的 buffet 與文創小講堂

大爵商務飯店

注重商務客隱私的雙道門設計

旅行的意義

愛，不是一道選擇或是非題
愛是一種狀態
純粹地存在，或不復存在
在時間中蒼涼
在永恆中如此華麗

心，太空或太滿時
常常無話可說
唯有從心靈的縫隙中
延伸出時間的間隙
才能感受單純呼吸的美好

生命如同語言
自我都需要跳脫
從蒼涼到清涼，是另一個境界
帶點不期而遇的旅行
更能發現生命中的驚喜

（詩：陳　維）

桃園首家商務飯店

大爵飯店於民國 82 年正式開幕,創設當時桃園尚無任何商務飯店,多是觀光飯店,雖號稱四五星級,但房間內容設備異常老舊,餐點也不精緻。因張得均經理父親張永智先生長年在外經商,國外設有工廠,常遺憾桃園無服務商務客的商務旅館,可讓客人當作另一個家,於是父親與叔叔,連同幾位股東合開了大爵飯店,並參考其他國家商務飯店的作法,以身分的概念定位,接待商務客。大爵飯店第二代張得均總經理,因興趣廣泛,笑稱求學時期愛吃愛玩愛運動,也當過廚師、吧檯、體育校隊。20 幾年前,一開始先到 CKS、南崁歐式 buffet 餐廳,學習餐點與行政主廚事務,也曾與空中廚房的魏師傅學習,豐富的經歷,使得後來經營商務飯店,如魚得水。

張永智先生創立大爵飯店前,亦視社會需求,發展多元產業,早期曾做過自強牌書包,時約民國 70 至 80 年間,張總國小時,自強牌書包即小學生揹的綠色書包,後再改成紅色蜥蜴造型。後來轉型,民國 60 幾年開始,全面改作專業拉鍊,成立宏大拉鍊上市上櫃公司,並申請專利,如 Nissan, Toyota, Honda 等都是長期合作客戶。範圍涵蓋甚廣,塑鋼、隱形拉鍊等皆有生產,大陸、泰國、台灣龍潭工一路等工業區,皆有設廠。

　　大爵飯店於民國 86-87 年間成立，全間採用張總父親喜愛的巴洛克風格，更選用紅木家具，義大利進口大理石，以最好的設計，給予客人宛如欣賞風景般的感受，每層樓層中庭，擺設了特殊珍藏品，如鶯歌紅色瓷器，小型要價十餘萬，中型一、二十萬，大型更約三十多萬，現已絕版，設計的徐老闆封窯後，後人更無法承接其技術，因紅色與橘紅色的瓷器，最難燒製。大爵並收藏世界各地珍品，如泰國的大象雕塑，頂樓更供奉了四面佛，供商務客人參拜，當初這尊四面佛運進國內，甚至需要護照，運費高達兩百多萬。飯店櫥窗內也展示了泰國進口的大象雕塑，還有許多工業時代早期的文創作品，壁紙更以日本手工金箔打造，屬日本和歌山壁紙，為高級裝潢手工製品，使飯店四周顯得金碧輝煌，又不流於俗麗，讓商務客深切感受到飯店是出門在外的家，倍覺尊榮。在 1980 年代，大理石、手工紙，是身分的象徵，大理石採切割拼花，將紋路對起，甚為費工，如入口餐廳大理石牆面上的拼花鯉魚，佐以拱柱、壁爐，整間飯店、房間皆以同樣石材精心打造，進口大塊石頭，再找工匠慢慢琢磨而成，飯店廊柱則是仿羅馬石柱的概念。這些細節，處處流露出旅館主人，對於如何塑造飯店環境的細膩用心。大爵在台中亦有關係企業，房租從早期 18萬、20 幾萬、35 萬，一路上漲到 75 萬後，後因不堪負荷，於是結束經營台中飯店。

國內獨一無二的雙門客房設計

　　大爵飯店空間寬敞大器，每間客房，最小 8-10 坪，最大近 20 坪。不同於台灣一般飯店，大爵飯店的房間設計，一開始便參考國外高級飯店的作法，採雙道門設計，讓住房客、商務客享有完全隱私。雙道門的優點有二：一是隔音良好，二是臥房與外門中間多出緩衝空間，可放置待洗的衣物皮鞋，或飯店客房服務時附送的早餐。

　　大爵飯店每一樓層，皆有 20 間房間，並挪出可隔三個房間的公用空間，不同於一般飯店喜歡完全利用空間的坪效概念，大爵自我定位為服務商務旅客的高級飯店，從電梯走出，如家庭接待室，放置旅館主人珍藏的藝術品。例如七樓公共空間便擺放健身器材，以滿足商務客的紓壓需求。一般都市飯店，因四周環境缺乏植栽綠化，因此多擺置盆景，但盆栽內有泥土，會有蚯蚓昆蟲爬出，而造成環境問題，大爵近來便選用水耕植物的透明盆栽取代盆景，以供客人欣賞，兼有綠化與整潔作用。

　　大爵創立初期多續住客，目前最高紀錄，是一位長住近 8 年的德國客人，且以日租而非月租的方式，每年只有聖誕節回國一周，後來甚至娶了台灣老婆，成為美事一樁。大爵飯店創立早期，友達、廣達等大企業已開始持續設廠，當時工程師一個行李箱的設備，便重達一

百公斤，大爵是當時唯一的商務飯店，櫃台英日文皆通，餐點經過特別設計，房間注重整潔，創立前十年（民82至90年），幾乎天天客滿，每天 pass 出去的客人，比房間多出三、四倍，一房難求，訂房甚至需排隊。此番景象與當時台灣的經濟起飛有關，桃園是工商大城，大廠接二連三設立，大廠裝設備、裝機、測試、接待外賓、接單生意種種電子業榮景，間接促成了商務飯店的蓬勃發展。

　　大爵飯店草創初期，總被笑說不切實際，因早期買下博愛路98號當出入口，並無其他功用，30坪，當時竟斥資近五千萬購得（可見早期桃園西門町繁華景況，租金說漲就漲），只因許多客人不知如何從民權路進出，張永智先生曾在此生意失敗，秉持從哪裡跌倒，從哪裡爬起的奮鬥精神，改建飯店前便買下這塊土地，兩邊不同時期買進，後來打通，當時博愛老街，因是雙向道，車子多到擠不進來，後人車過多，才改為單向道，以為疏通。

　　大爵飯店的生意，受桃園工商大城、文昌公園變遷影響，但創立初始，便值博愛老街沒落之時，除對面有間日本料理店，與幾家零星店面，人潮車流不再，所以博愛老街景氣好壞對飯店影響不大。只是這十年更顯沒落，昔日日本料理餐廳也關門收起。老街上的醫院，在莊松河醫師走後，其子也將醫院暫停營業，近年來，店面一家家收起，與以往每隔幾家，還會有幾家店面營業

的景況，全然不同。

　　因為關心飯店發展，張總曾在 Trip Advisor 上瀏覽客人留言，看到客人提及博愛老街十分沒落，心裡感到受傷，這確實是近幾年來的街區蕭條景況，想起昔日熱鬧情景，大爵又是博愛路上規模較大的公司，覺得有責任讓地區重新振興。因而這四五年來，花費許多時間，進行老街活化工程，與街區溝通，希望以新興文創產業，讓老街轉型重生。

桃園名列前茅的優質飯店

　　雖然這幾年陸客增多，但張總幾年前便不看好長期以陸客為主的觀光模式，恐被綁住，希望穩固原本的合約商，所以今年雖受大陸政策影響，只有六月因訂房臨時取消，驟然減量，上個月原本常客合約商又回流，早期團客亦不超過 30%，避免影響商務客住房品質。目前全桃園約有 120 多家飯店，Trip Advisor 網站上的旅客評比，包括五星級飯店與民宿，大爵排名始終在五到八名之間，不以價格戰，而以品質取勝，雖然大爵飯店排名始終在桃園名列前茅，但客人也希望飯店更加優質化，而張總也從善如流，希望飯店品質能更為提升。

　　採訪當天有客人表示，每回出門總習慣下榻大爵，即使路不好找，十分隱密，下次開完會仍要再來造訪，而不回台北飯店，大爵以其對品質的堅持，讓回流客願

意一再光顧。昔日博愛路被稱作「桃園西門町」，門面昂貴，待博愛路沒落，街區不大的門面易受忽略，反而形成「秘境」的概念，內行人才知津。

推動結合在地優質產品的購物輕旅宿

　　這兩年自由行、背包客越來越多，客人多自行尋來，大爵針對商務客背包客，擬安排桃園深度之旅，希望客人不要只往台北跑，如 101、九份，因桃園有許多在地文化待發掘，例如可推薦客人購買無毒、有生產履歷的優良產品，而非混充大陸、越南的阿里山茶、中部茶。張總最近更在尋找桃園茶農，因桃園是千塘之鄉，多紅土、台地，早期民國 70-80 年代，桃園出口茶便佔台灣 25%，但缺乏推廣，早期八里、三重一帶大量種植茉莉花，後因都市計畫，消失殆盡，但許多茶農對傳承古法的製茶技術，依舊有心，堅守其崗位，做好自己的本份。張總覺得桃園的好東西，應讓更多人知道，不是只有龍潭花生糖與大溪豆乾，可以推廣。

　　大爵飯店的生意好壞雖多少與博愛路興衰有關，但大爵想走出自己的路。桃園至今仍是工商大城，雖不如早先客量，但台灣人目前對觀光休閒產業，甚為重視，其中的人文產業與文化，迄今未被深度發掘，張總希望能好好耕耘這一塊，提供更好的產品、更優質的行程，將一切好玩、好吃、好買的東西推薦給客人，目前客房

內提供客人的，皆是在地的優質產品，以前未花費心思經營這區塊，寧願挑選品牌，而非桃園當地的產品，以選得安心，客人也用得安心為優先考量，但現在發現桃園有更多更好的東西，目前首推在地產品，讓客人享受，感受桃園更多優質產品的魅力。

以文創飯店為目標進行優化

大爵目前這一兩年，尤其是 2016 下半年至明年三月，正以文創飯店為目標，進行提升優化，因外面飯店持續興建，而張總父親花費許多時間、金錢、心血於飯店裝潢、建材，不願讓這一切付諸流水，更對飯店充滿感情，希望將其中的記憶、故事與文化留存，讓更多人感受到這些事物背後豐富的時光背景。

至於如何進行飯店優化？大爵擬將原有特色，加上文創元素，在每個樓層整理出一區，陳列在地產品，類似產業博物館的概念，若客人有意購買，後續也可下訂。預計再搭配年底的輕旅宿行程，加上桃園優質伴手禮推薦，將先前成立的桃園優質策略聯盟小組，進行整合，也與交通行程業者溝通合作，包括租賃公司與旅行社，達成雙贏的策略聯盟，彙整彼此資源，提供旅客或交通工具。因租巴士成本太高，幾人便可成行的輕旅行較易合作，客源不限區域，旅客可從事一日遊或半日遊，體驗細水長流的產業文化，而非一般走馬看花、大眾廟會

式的觀光旅遊。

　　除了異業結盟，觀旅局亦推出深度旅遊地圖，範圍包含兩公里內的步行範圍，但仍不夠詳細，張總目前有意繪製新的觀光地圖，與大專院校合作，發揮各間學校不同專長，如目前正在訓練一批開南大學觀光系的種子學生，進行導覽，在製作旅遊地圖時，因須來回走訪，學生對這些產業，也生起深刻感受與感動。設計部分則由中原大學與台北商業大學約一百八十多位學生負責，更上一批種子學生也有一百多位，將近三百位學生投入，令人欣慰。

　　導覽學生的部分，目前有二三十位，還需篩選，預備擴大辦理，讓高中生也能參與導覽，並舉行成果說明與成果展，讓同學參與競賽，由張總、陪伴師林進興老師、與開南大學郭慧珠教授共同進行培訓，讓學生自己嘗試導覽，實習學生可與產業結合，旅行社也不用重新訓練，融入觀光旅遊局的輔導以及配套活動，如 2016 年底觀旅局將完成全台最大的吊床式吊橋，2017 年年中，復興鄉角板山更有平埔族，在小烏來附近舉行活動，到時串連、修改、增加新的旅遊行程，隨時調整修正，學生人數更會擴充到其他大學與高中職，讓有意願參與的學校共同結盟。老街因為沒落，保護色很重，一開始許多店家認為生意受到影響，但幾次活動辦下來，街區活絡不少，也較有人潮，鄰居因而變得平易和善。

以集市概念活化老街

　　除了博愛文創商店，張總有意再開文創二店，以「集市」的概念活化老街，畢竟做一家店，不如做一條街，並將獨立書店的概念擴充，不一定要有一間獨立書店，而是善用空間，也能隔出獨立書間。文創二店的定位以輕飲食的早餐餐飲為主，將特色咖啡結合獨立書屋，以類似「只是光影」獨立書屋的方式呈現。

　　至於張總認為老街讓人印象深刻的特色，美食方面，有健民、阿和潤餅（博愛路 31 號）、以及斜對面的胡家潤餅，為同一家（堂）兄弟分支，已傳承三代，曾多至八家，但口感不同，阿和潤餅還有素食潤餅，生意好時，常三四點便賣完收攤。小吃則推薦美香，或大廟旁邊的蚵仔麵線、切仔麵、甜不辣。至於古蹟景點，景福宮從乾隆年間建廟迄今，是桃園人的精神中心，另外從東方百貨 27 巷走進的巷弄，是清朝就有的古道，內有百年品芳食堂，更裡面有間三合院，已有兩百多年歷史，早期賣鹽，目前仍有人居，但不願受文化局列管，巷尾接至民權路，還有許多古老的圓弧形街樓、太子樓，與牌樓，再過去有一間「天天樂」，是有執照的公娼，從前的樂樂莊，現已消失，因政府不再發牌，目前全台只剩六十家合法公娼，但裡面的媽媽桑若走了，一切便走入歷史。

　　與華陰街的老街活化過程相比，博愛老街的活化甚
為困難，即使將來捷運通過，時日仍長，而華陰街目前
仍有人潮，街區雖老，卻未沒落，順利轉型後人潮將更
多。優化策略將依據訪客意見調查，第一豐富文創意涵，
第二強化桃園在地軟實力，兩點皆獲旅客正向認同，也
能凸顯差異。因大爵昔日耗費鉅資，不可能改建，但希
望將已屬優質的硬體，加入軟體的概念，將對面文創一
店變成大爵的伴手禮商店，飯店內只供展示。將來希望
能進一步製作更精細的地圖，包含第三圈 25 公里內，開
車 40 分鐘可達的範圍，含括進目前第二圈的 2 公里步行
範圍，第一圈則為飯店內部。觀光是無煙囪工業的軟實
力，全世界產值已大過任何獨立產業，約佔全球
GDP14%。文化是生活的一部分，若文化不復存在，只
存在記憶中，便是過去的文化。大爵希望生活、或商圈，
本身就能成為文化博物館，以為永續經營之道。

「大廟口與博愛路」
歷史調查報告

國立成功大學建築系研究所　藍博瀚

前　　言

　　大廟景福宮為桃園的中心信仰，自創廟至今香火未斷卻屢拆屢修，看盡了環繞大廟的周遭變化，也看盡了桃園數百年的歷史發展。景福宮自清代到日治時代的改變，市區改正形成的圓環，至今依舊是桃園市重要的歷史中心與地景。而這些改變的歷史我們卻難以從過去總以《桃園縣志》為基底敘述桃園歷史的相關著作中得到更詳細的認識。如今有這個機會，得以透過多元史料的閱讀與發現，以更小的尺度切入到街廓，以小寫歷史的手法去展現更細膩的演變，透過這篇短文，重新看見以景福宮為中心的「大廟口與博愛路」近百年的變遷過程。

清代桃園街的發展簡述

　　一般記載如《桃園縣志》認為桃園街由薛啟隆開墾於乾隆二年，然而筆者認為桃園街的開墾可能更早，於雍正十年（1732）上給雍正皇的奏摺中有以下記載：「正在察訪間，據北路營參將靳光翰、淡水營都司蘇鼎光同日報稱，五月十一日奇崙社作歹，焚燒社丁郭生房屋，射死郭生、王慶、劉三三人，又鄰居駱淵、沈辰二人，被箭射傷者六人，又焚燒桃仔庄、新庄二處民房，十二日截搶徒中公文十七件，十三日甘棠溪桃仔園庄民房俱

被燒毀無存」[1]當中奇崙社即為龜崙社，因此可以得知早在 1732 年桃仔園庄早已開墾並已建庄。而後薛啓隆於1737 年乾隆二年自台南率隘丁數百登陸南崁港，應實際入墾了「南霄虎茅庄」，筆者推估，即是開墾北達南崁與虎茅庄，南達霄裡的廣大田野，而後桃仔園庄逐漸成長為市街，1806 年（嘉慶 11 年），泉漳移民發生事端，桃仔園彰人敗於械鬥，全市草店俱被焚毀，1809 年(嘉慶 14 年)，始建土城以為防禦；官府並設三快外館，置總理於此以治之，附近百庄、概歸轄理[2]。

　　1834 年（道光 14 年），富豪姚蓋有改建土城牆壁為石壁，越八月完成。城高十二尺、壁厚五尺，上壁厚三尺，周圍百丈餘。《淡水廳誌》：「桃仔園城堡，在桃澗堡，有營汛在堡外。周圍約四里許、分設四門。道光十九年，徐玉衡等倡捐建」[3]明確的紀載了桃仔園城有四個城門，桃仔園城北面有一埤塘（今永和市場一帶），埤塘有水路經水門通至桃仔園城內，藉此在桃仔園城被圍時提供城內的水源。而桃仔園城中的市街主要分布於

1　國立故宮博物院編，《宮中檔雍正朝奏摺》（臺北：國立故宮博物院，1977 年），p.850-851。

2　郭薰風，《桃園縣誌》，桃園：桃園縣文獻委員會，1962。

3　陳培桂，《淡水廳志》收入臺灣史料集成編輯委員會編，《臺灣史料集成-清代臺灣方志彙刊》第二十八冊，台北：遠流出版，2006。

景福宮前與今
中山路上，北
邊則多留有許
多園圃，在園
圃 與 街 屋 之
間，則有一條
小石路即是博
愛路的前身，
博愛路與土
堡內與今中

圖一、桃仔園城輪廓與今日街廓之套疊

山路和新民街構成桃仔園街的東西向街道，而清代街道
採有機的自然發展，因此這些街道皆呈現狹窄多彎曲的
特色。

景福宮的興修過程

　　景福宮景福宮主祀開漳聖王，據傳創建於 1745 年
（乾隆 10 年），由墾首薛啟隆捐田產二十餘甲倡建，成
為桃仔園庄的中心信仰，然而這個說法有待考證。比較
可以相信的說法是，1810 年（嘉慶 15 年）再由地方善
信簡嶽等捐獻重建，部分款項亦為築城所剩餘的經費，
至 1813 年完竣（嘉慶 18 年），有前中後三殿完整格局。
《淡水廳志》中有記載：「聖王廟，一在桃仔園街，嘉
慶十八年簡岳等捐建。」，而後在 1887 年（光緒三年）

鳩工修建，至 1880 年（光緒六年）冬落成，妥神祈報[4]，其實能與景福宮中目前尚留存的清代石柱楹聯互相佐證：「一劍破炎荒闢地無慚真刺史　兩番新廟貌普天爭拜古英雄」。

鴻福寺的創建

　　今位博愛路東側路口有鴻福寺，始於 1751 年（乾隆十六年）由林姓宗族共同鳩金建佛祖廟，開始祭祀觀音佛祖與天上聖母，至 1823 年（道光三年）發現座向不宜，由林浩源發起改建，因有祀觀音佛祖而有眾人參拜[5]。

圖二、鴻福寺現貌

4　「光緒六年庚辰夏四月……景福宮亦於是冬落成，溯自三年丁丑相土鳩工，妥神祈報于役四年矣」本多保太郎，〈開墾永福庄記〉，《專賣通信 官營製腦紀念號》臺灣總督府專賣局，1934-08-25。

5　〈鴻福寺〉，中央研究院民族學研究所，《宗教調查》，典藏號 155857。

林本源租館與總理住所

　　林本源於大溪起家致富後，即陸續買收了桃園地區的大量土地，也因此在桃園地區各地設下租館以方便收租，其中在桃園街上設置林本源租館，又稱為南桃館，具考證其所在位置即是在景福宮右側道路旁，且林本源租館側於光緒十五年租給林耄九，林耄九又將其租給桃仔園街的末代總理顏華袞居住，國史館台灣文獻館所藏的日治初期的總督府公文有詳提租館，起因是日軍領台後以為該街屋為清政府的土地而借作軍隊住處，後為公醫宿舍，林耄九不滿而提出還願書，該還願書中附上光緒十五年與林本源給墾的契字，對於了解清末桃園街的統治核心極為重要。以下是還願書與契字：

懇請家宅給還願書　桃園長美街四十四番戶　林憨九
右之者切耄九有承祖父向林本源給出地基自僱工本造成瓦店前後二進在桃園長美街四十八番地，清國稅與總理顏華袞居住，年曆稅金三十六円歷管無異但此曆實係九之私業，不是清國之公地，街眾週知致因。
帝國軍隊時初到桃園借與為公用官舍，遂由官保管至今，但桃園家宅所借軍隊居住俱各給還清楚，該宅確係耄九祖父遺下歷世掌管致有此店去年向憲官大大墾求數次諭還小民掌管，因公醫大人再借住數月口延至今，九

係貧民盡望此厝宅收稅金度日食伏，望大官恩恤貧民將
家宅給還以便歸管此段奉願候

明治三十一年五月六日

街長鄭哲仁
臺北縣知事村上義雄殿

　　立給墾單地基字，業主林本源即南桃館，有建置地
基壹處，址在桃園街草店尾，店地基壹座，坐北向南，
前至街路為界，後至徐家園塈為界，左與南桃館店墻壁
毘連為界，右與林家店墻毘連為界，四至界址明白，前
昔年間，有起蓋草店
全座，因被光緒十五
年六月間，失火焚
燬，今因林惷九前來
出墾，自備工本楹桷
磚瓦架造瓦店全
坎，歷年備出地階銀
貳錢完納，口恐無
憑，立給墾單地基字
壹帋，付執，為照行
光緒十五年己丑十
月　立給墾單字業主
林本源即南桃館

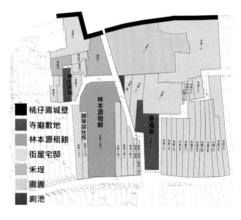

圖三、1898 年土地申告書所還
　　　原之景福宮周遭清末土
　　　地使用狀況

可見在清代博愛街東側有鴻福巖作為信仰圈，中心以景福宮為核心祭祀圈，景福宮做為桃園的信仰中心，且位於桃仔園城的核心，桃仔園的政治與經濟中心便皆鄰近於景福宮，而市街可見景福宮作為祭祀圈核心，亦被做為統治的核心，總理即居住於景福宮側，而做為最大墾首的林本源亦是將租館設於此，同時景福宮也具有公共性，可以看見廁池直接設立於廟後供街民所使用。

桃仔園火車碼頭的設置

1891 年邵友濂續任修築鐵路，1892 年（光緒十八年）鐵路築到桃園，並設置「桃仔園火車碼頭」於桃仔園城南 700 公尺處。1892 年（光緒 18 年）3 月，胡傳要去大嵙崁一帶視察營務，便選擇在 4 月 5 日從臺北坐下午一點鐘開的火車至桃園。據稱：

圖四、筆者翻繪至〈臺灣征討圖繪〉[6]第五編中日領初期桃仔園停車場

6　東洋堂，〈臺灣征討圖繪〉第五編《風俗畫報》第百九號，東洋堂：1896 年 2 月 25 日。

　　未正至桃仔園換轎；酉初至大科崁，寓於撫墾局陳實齋處。十二日，辰正由阿姆坪起程回省；午刻至大科崁，晤陳實齋直牧，索飯，飽餐復行。申正至桃仔園，候火輪車。至晚不到，乃赴桃園街，約里許，尋一小客店宿焉。十三日，巳初乘火輪車；午刻到台北府。

　　1893 年（光緒 19 年）池志徵坐火車至桃仔園旅遊，提到：「桃仔園，亦大村市，有城堡，山水清奇，田土膏美，滿山十里皆紅豆，曉風夕陽，孃孃可愛，姚碩甫臺北道里記所謂江南道上行，即此處也。」

日治時期發展

　　1895 乙未割台，6 月 14 日樺山資紀在台灣省巡撫衙門始政大典，6 月高橋軍曹率十餘日軍抵達桃園城偵察，簡朗山便邀請一行人到文昌廟內的駕鰲樓上用餐，三日後河村大尉率領一中隊約兩百名士兵進入桃園城，可見桃園城當時毫無防守，這支高橋軍曹與河村大尉這些先遣部隊也就毫無遭遇抵抗地占領了桃園城，河村大尉召當時桃園街總理顏華袞，董事林敬華，諭令人民需安居樂業，不要輕易受謠言煽動，而後日軍開始增員，7 月 29 日北白川宮能久親王在下午自龜崙嶺來到桃園街，並到了小檜溪畔搭帳休憩，顏清亮、林芳、劉達仁與簡朗山獻上「桃園紳一同奉迎大駕」紅布旗奉迎北白川宮，可以作為桃園街始政的開始。「下午四點到五點

之間，殿下騎馬沿者武陵橋畔的舊城壁遊行向前行，經過了公館頭到了福德廟（開基福德祠）轉彎進入中南街，往前走到景福宮從其右側右轉，從林本源的租館處後面出來到長美街之後，就到蔡路宅夜宿了。[7]」

10 月憲兵在桃仔園設行政警察部充用桃仔園長美一民舍，明治三十年（1897 年），全島改制為六縣三廳，縣級以下分設辦務、警察、撫墾三署，六月設桃仔園辦承署與警察署，用西偏公館頭的民屋充當，如前述總理顏華袞居處日軍便認定是清政府所有而佔為軍隊住處，桃園街設憲兵屯所於公館頭民屋，蔡路宅亦曾經充當官署，初期桃園地區尚未穩定，並且初步設立了許多部署加強控管。

圖五、日治中期蔡路宅經改建後的樣貌，西側及爲儕竹居

當中蔡路宅因北白宮能久親王曾經夜宿，因而留下不少照片，在蔡路宅西側為林

---

7 〈桃園御遺跡と當時の御威德を偲び奉りて〉

姓合院，稱為「儕竹居」，至清代依然保存至今，可以說是桃仔園城中唯一留存至今的清代建築。

　　1901 年 11 月全島改制為十二廳，原桃仔園辦務署改為桃仔園廳，桃園地區逐漸趨於穩定，陸續完成土地調查與申告，進而在 1904 年完成桃園地區的台灣堡圖。於此同時，日本政府開始進行街道應急性的衛生改善，進行市街改正。

圖六、儕竹居門樓現貌

　　為了公共交通，因此桃園街首要的「市區改正」便是打通阻礙交通的城牆，原本從城內到車站要繞東門而出，因此將車站西移 250 公尺，並將城牆打通，設一條由景福宮到新車站的道路（即現在中正路），可見於 1900 年的《台灣日日新

圖七、1904 年臺灣堡圖的桃園街

報》〈城垣改良〉[8]的報導：

> 此次桃仔園改良鐵路將徙置停車場於城邊……本處石城原有六門，若就景福宮前添置一門以通新置停車場，較之由東門出入，其便捷尤有數倍，且中南、長美各街亦得裨益生意。

1906 年（明治三十九年）的〈道路敷地寄附受納報告〉[9]便是此時期初期將原清代街道拓寬增設水溝的呈現，都市改正所規劃敷設的新街道，「寄附」及捐獻之義，即本島人獻納家屋與敷地來敷設新街道，檔案中附的〈桃園街道路平面圖〉可以看見在舊市街鋪設了多條新路，特別的是可以發現這幾條鋪設的新路並非呈現完全筆直的方格狀，而是按原清代街道與現有建物妥協略為彎曲，在此可以看見前述應急的特性，這幾條新路至今依然保存，不過經過大正年間的新「市區改正」後，某些道路

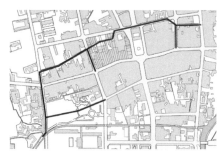

圖八、道路敷地寄附受納報
　　　告〈桃園街道路平面
　　　圖〉中新設道路

---

8 〈城垣改良〉，《台灣日日新報》（台北），1900 年 3 月 2 日，4 版。

9 〈道路敷地寄附受納報告〉，國史館台灣文獻館，《臺灣總督府檔案》，典藏號 00004965016。

就被更筆直的道路給取代，成為街廓中的巷弄（詳見圖），在此可見明治時代與大正時代的「市區改正」間的差異。

此時期原在大廟口的宗教與統治中心有了新的變化，林本源租館開始做為公眾的展覽與教育活動場所，如 1905 年 11 月 11 日台灣婦人會桃園支部在林本源租館舉辦慈善音樂會，會中除了有音樂合奏與蓄音器播放外，尚有活人畫與活動寫真展等。林本源在北部地區擁有大量土地使總督府與之進行協商，1910 年，林家將桃園廳內八千筆登記土地移入台北廳之下分，林本源在桃園地區的勢力亦逐漸淡出[10]，當然原先租館的收租功能並未消失，林本源亦繼續派任主任至桃園租館，如 1916 年 9 月陳培煥任桃園林本源第一房租館主任[11]。

市區改正與大廟改築

1920 年代由於北港朝天宮改築帶來街庄的繁榮，使政府意識到，地方祭祀或信仰中心可以帶起地方經濟的繁榮，配合市區改正而進行的廟宇改建，將廟宇置於街庄中心的道路圓環中，周遭興建新式街屋，可以打造出

---

10 〈林家土地整理〉《台灣日日新報》（台北），1910 年 06 月 23 日，漢义版 版夂 05 版
11 〈南船北馬〉，《台灣日日新報》（台北），1916 年 9 月 26 日，日刊 版次 06 版。

開闊繁榮的街庄商業中心，同時寺廟改建有助於解決漢
人以廟為中心的商業衛生環境，因而在全臺灣的中心信
仰廟宇大力推動寺廟改建。

　　1923 年桃園街市區改正持續進行，而位於市街的景
福宮位於桃園驛前道路的終端，僅由右側的小道路向北
延伸，對郡政府而言，認為廟宇其實有礙衛生與交通，
勢必重新規劃這個重要節點，藉以將市街拓展改正，1923
年 6 月 23 日桃園街長簡朗山與景福宮管理人簡揖招桃園
街十五街庄的 150 名重要人士於桃園公會堂內，協議重
修景福宮，提出就廟宇現狀進行修繕與移轉改建兩方案
的利弊得失，最後決議移築改建，並選定理事四名，包
括專務姚國興、會計陳合發、庶務黃金發、文書吳衷臣，
再舉簡朗山、簡揖、鄭永南、徐克昌、黃玉書等五十餘
人為評議員，並設移築事務所於景福宮內。[12]1924 年景
福宮周遭進行市區改正，1925 年 1 月 4 日簡朗山再招十
五街庄 250 人討論景福宮移建知事，決議移建，1925 年
3 月 8 日便已將景福宮舊廟拆毀，並選出理事長簡朗山、
庶務常務理事黃金發、營繕常務理事陳慶同、會計常務
理事陳文科，普同理事四名、監事六名、顧問兩人、二
十三名相談役及緣手三十九人，經過多次募集改築募集
的經額總共五萬圓，同月 25 日的報導中，可見土木工程

---

12 〈桃園協議修廟〉，《台灣日日新報》（台北），1923 年
　　6 月 24 日日刊 版次 06。

投標後大抵已經定著，尚差石工與演臺與兩廊工程尚未定著，1925 年 05 月 10 日桃園景福宮移築工程興工，開始施敷磚石以奠基礎[13]

景福宮做為市區改正的核心，被規劃為桃園街中心的圓環，同時廟後原來的彎曲道路被重新規劃，拉直成現今的博愛路，今中正路亦延伸至廟後北門埔子一帶至東西向新設道路（和平路）為止，從 1926 年〈二萬五千分之一地形圖〉可以看見成果，而 1906 年的計畫道路則成為主要道路街廓中的有機巷弄。

這些道路的土地亦同樣是政府要求民間寄付或買收原本是街屋的土地，並將計畫道路上的街屋拆除，而新設道路臨路面向並形成新的秩序，依據街屋改良細則陸續築起新街屋，如廟前東西向的拓寬道路與廟後的計畫道路於沿

圖九、〈二萬五千分之一地形圖〉

13 〈桃園特訊廟址平基〉《台灣日日新報》（台北），1925 年 05 月 30，日刊 06 版。

路面重建一層樓或二層樓的第一進身或重修立面，形成
於街廓內的後進為清代原街屋，第一進為大正風貌街屋
的現象；此外廟前道路兩側臨路面處則將長向的街屋拆
除重新臨路面分割成多個單元新築街屋。

　　改建後的街屋多半為一層或二層的磚造街屋，這取
決所在地段，如大廟口一帶的街屋幾乎均為二樓街屋，
以作最佳的商業使用，由於當時重建所耗巨資，多半街
屋的立面裝飾簡約，僅作磚砌上的裝飾，甚至不做泥水
門額，直接可以安放店家招牌，但也有些二層街屋裝飾
繁複，大量使用中西融合的語彙。而博愛路屬廟後，除
鄰近大廟口有二層街屋外，則多半為一層樓的街屋，《臺
灣日日新報》〈是マ非マ〉[14]有一段紀載：「桃園大廟
後街路，多不整頓，反置竹材，堆積如山，障碍往來。
一遇雨天泥濘，雖有築溝邊，亦難舉步於其間也」可見
改正後的大廟後道路既設，而街屋尚未興建堆置建材的
狀況。

　　而改正後原貫通桃園驛與景福宮前通往大園的輕便
軌被截斷，改設在中南與公館頭交界的道路上（即中正
路），桃園軌道便另外在大廟口側邊另設「大廟口發着
所」，使市街人士亦可在大廟搭乘，間接也使得大廟與
博愛路更加繁榮。經歷了市區計劃後大廟口也在日治時

---

14 〈是マ非マ〉，《台灣日日新報》（台北），1926 年 12
　　月 11 日，夕刊 4 版。

代成為了桃園的經濟中心，桃園街的農產品集散與街商業內需求均在景福宮一帶進行。

　　1927 年街協議會決議在景福宮側邊新築桃園大廟口官吏派出所，二樓則為保甲聯合事務所，派出所做為管理大廟口一帶漢人經濟發達區域的中心，下有五保六十七甲，並有配備消防器材的壯丁團，以便即時撲滅密集街區的火災。派出所於 1927 年 9 月 9 日落成。這棟派出所特別之處是有騎樓，在景福宮左側沿著派出所於 1930 年代陸續興建了沿街街屋，亦均設置了騎樓。

　　經歷兩年的景福宮改築工程，直到 1927 年 11 月才暫告竣工，並擬定 11 月 29 日舉辦入廟式並開祝賀會[15]。然而旋即在 1928 年 9 月 28 日又計劃在景福宮廟內召開會議協議新工事，且說明：「桃園景福宮廟建築工事，尚未告竣，有礙街觀瞻茲值

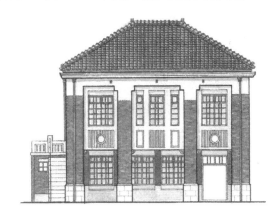

圖十、大廟口派出所復原立面圖

15〈桃園景福宮磋商祝賀　來廿九日舉行〉《台灣日日新報》（台北），1927 年 11 月 27 日，04 版。

早季穀價沸騰，晚稻發育良好，故地方稍呈活氣，工事擬欲再興」[16]，對照《台灣民報》中的詳細報導可知，建築工事超過原先募集的五萬圓，1927 年 11 月的入廟式推斷即因為改築經費耗盡，只好將改築工程暫告收尾，如今桃園街經濟較為活絡，而希望再進行第二回募集三萬圓將廟修完。然而就在再次募款改築的同時，1929 年 6 月卻爆出第一次改築的金額有帳目問題引起桃園郡警察課出面調查，而後經帳目整理後暫告平息。

　　1930 年代，市街改正逐漸往大廟後的北門埔子一帶開展，原來北門口的埤塘被填平，並在 1931 年 12 月興工建桃園消費市場，市場平面配置上採 U 型，由外包內的兩棟建物，在空間的運用上相較於其他幾間顯得相當拘謹，其間另設有兩座水井，而南向立面則設有二樓，據口訪是市場管理室。立面上外貼國防色系的溝面磚、厚重的入口用仿石拱，拱窗與雨庇有著裝飾藝術風格。於設計藍圖中可見當

圖十一、1930 年代市區改正後
大廟口的繁榮樣貌

16 〈本刊議桃園景福宮 工事進行〉《台灣日日新報》（台北），1928 年 09 月 18 日，04 版。

時市場配置的攤販：飲食店 6 攤、蔬菜 9 攤、豚肉 20
攤、日用雜貨 10 攤、其他 7 攤、海產 4 攤、魚 7 攤與簡
易食堂一間。

圖十二、桃園消費市場復原立面圖

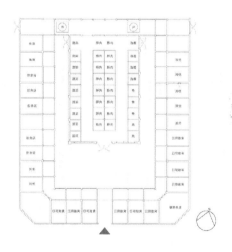

圖十三、桃園消費市場復原平面圖

　　1933 年 03 月 24 日周春氏申請設立「桃園常設館」獲得認可[17]，設於公館頭十二番地（博愛路的東側路口），這座常設館即是日治時期經常稱呼的「桃園座」，是桃園街第一家民間戲院。博愛路為景福宮與桃園座串連之道路，因而漸漸帶起博愛路東段的發展，陸續興築了新的街屋。

　　1930 年代，圍繞著大廟口開始興建三層街屋，可見大廟口一帶寸土寸金，必須興建三層街屋以滿足商業需求，如 1933 年興建的陳合發商行、桃園消費市場南面的街屋、以及廟後的街屋，這些街屋被視為典型的「昭和型街屋」，也受當時的流行影響開始在立面上使用溝面磚或小口白磁磚。

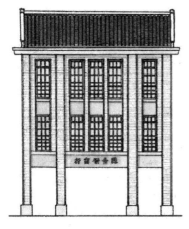

圖十四、三層的陳合發商行街屋，外觀便是貼著小口白磁磚

　　而景福宮在 1933 年，距改築後已近十年，由於先前未完成即停工，久歷風雨傾害而破漏。8 月 8 日桃園街婦人阿招與街中婦女十餘人捐數百圓，楊金興氏

17〈桃園街常設館新築〉《台灣日日新報》(台北)，新竹電話 臺灣日日新報 1933 年 03 月 25 日，D03 版。

寄附勞力，修葺景福宮屋蓋[18]。隨後原大廟改築理事於 8 月 20 日再發起改築善後的協商會與進行帳簿清算[19]，最終又無下聞。

1935 年 12 月位於蔡路宅原址的北白川宮能久親王御遺跡被指定為史蹟紀念物[20]，桃園街役場買收原蔡路宅，即長美一三二番地的土地，興建「北白川宮能久親王御遺跡桃仔園御舍營所」紀念碑，於 1937 年 7 月 29 日舉辦除幕式（開幕儀式），該紀念碑即位於博愛路 69 巷內。旁邊即清代留存至今的林姓儉竹居。

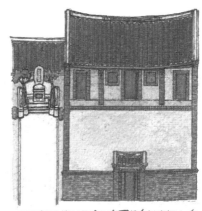

1935年的儉竹居與桃仔園御舍營所紀念碑

圖十五、儉竹居與桃仔園御舍營所紀念碑復原圖

經歷了 1936 年又一次的景福宮改築爭端後，景福宮

18 〈桃園大廟修繕〉《台灣日日新報》（台北） 1933 年 08 月 12 日，08 版
19 〈桃園大廟清算〉《台灣日日新報》（台北） 1933 年 11 月 10 日，04 版
20 〈史蹟名勝天然記念物 欲于臺博前指定之北白川宮殿下遺跡卅四處〉《台灣日日新報》（台北） 1935 年 08 月 27 日，日刊 08 版。

管理人改選為李榮芳、楊秋發、姚國興與鍾番[21]。直至1937 年 2 月 21 日由修廟理事楊秋發再開景福宮改修會議，原計畫投入萬餘圓的工費，但官方只許可七千六百圓，因此後殿計畫由徐氏獨立修築[22]，並且計畫在 5 月 2日於廟中進行招標。1937 年 7 月 7 日中日戰爭全面爆發，在皇民化政策下，延宕近十年懸而未決的修廟活動受到了政府限制，連修廟預算都受限制，後來在日日新報中並沒有任何景福宮修廟的後續報導，甚至在 1938年適逢丑年，應為景福宮 12 年一次的建醮也並未能舉辦，於此同時，北白川宮能久親王御遺跡紀念碑、桃園神社與公學校中楠木正成與小學校中二宮尊德銅像[23]的設立，都可看見皇民化政策的推行，移植了日本神道與軍國灌輸，以外的「舊慣」則受到了箝制。

　　至戰末開始展開寺廟整理運動，桃園街地區的寺廟則多被強迫關閉，將神像集中至文昌廟，大廟口尚還能維持祭祀活動，但 1938 年都市計畫圖中尚可見的景福宮戲臺，在 1945 年美軍所拍攝的空拍圖中已經消失，雖無任何拆除紀載，但推估應因寺廟整理運動被拆除。

---

21 〈桃園景福宮修築管理遭一部反對〉《台灣日日新報》（台北），1936 年 07 月 28 日，夕刊 04 版。

22 〈桃園景福宮改築〉《台灣日日新報》（台北），1937 年04 月 27 日，日刊 12 版。

23 〈桃園 舉除幕式〉《台灣日日新報》（台北），1936 年12 月 15 日，夕刊 04 版。

戰後發展，「桃園西門町」的出現

　　戰後初期包含桃園新竹苗栗地區的新竹州改為新竹縣，原來日治時期的桃園街役場於 1946 年改為桃園鎮公所，由於二次世界大戰新竹州廳為美軍轟炸機所炸毀，將新竹縣政府設於桃園郡役所，桃園鎮成為新竹縣治所在，促成戰後工商業的復甦，1950 年新竹縣分治為桃園縣、新竹縣、苗栗縣。戰後初期景福宮被軍隊占用，廟口廣場的交通要衝甚至設有碉堡，廟埕廣場則為小吃攤販占用，而在大廟這條橫貫桃園市街東西向的道路被命名為「博愛路」。

　　戰後原來桃園的商業家族以雄厚的資產順應著當時的投資趨勢，投資食品加工業與戲院，繼續從事麵粉生產的陳合發商行戰後創立新生麵粉品牌，投資的中央戲院於 1951 年 10 月在永和市場對面開幕；鍾番所經營的「大同商事公司」（金蘭醬油前身）除了生產醬油外，1952 年在博愛街西端興建大同戲院。擁有泰益麵粉工廠與汽水工廠的泰益商行也在博愛路上設立辦事處。原林本源租館的位置於 1959 年 10 月設立了東方戲院，加上東端原桃園座改名的桃園戲院，1950 年代臺語片的黃金年代，博愛路自東到西就有三間戲院，進入前所未有的繁榮。

　　1960 年永和市場擴建，在日治時代第一代建物北側增築三層樓水泥市場建築，戰後至永和市場販售的攤販

日益增多，使得商業聚集區由景福宮廟埕連結至廟後永和市場一帶，形成大廟後商業區。1961 年景福宮因應建醮而大加整修，留下「景福宮沿革」碑，將廟原有雕繪重施丹青，宮宇樓閣煥然一新，並將原先攤販雜集的廟埕改為小型公園，建醮再次帶來大廟口與博愛路的繁榮，從拍攝遶境藝陣穿梭博愛路的照片中，可以看見博愛路當時開設大量店家，當時博愛路上有家電專賣店、旗袍店、西服店、皮鞋店、化妝理髮廳、照相館、小吃店、冰菓店、建築事務所，也有藥房、接骨店與醫院，博愛路 20 號徐銀格開設的桃園醫院，擁有桃園鎮第一臺 X 光機。1954 年簡子愛女士也在博愛路 142 巷 1 號開設子愛幼稚園，在此經營幼稚園五十年載。

　　當時過年批發雜貨與購買新衣新鞋均要到大廟一帶搶購，大廟一帶總是擠得水洩不通，博愛街因全街開滿皮鞋與服裝店，而有「皮鞋街」與「桃園西門町」之稱。

圖十六、1960 年代博愛路西端街景（簡子愛提供）

大廟口與博愛路原有日治時代興建的街屋逐漸因應商業蓬勃發展而開始改建，興建三樓以上的街屋或大樓，並在立面各自表現，形成舊的傳統街屋與新店面交錯並存的特殊現象。

表一：博愛路一帶戲院資料

名　稱	地　址	成立時間	登記 負責人	停業 日期
桃園戲院	桃園鎮三義里 140號	1946 年10 月 17日再登記	周火旺	1991 年
桃園中央戲院	桃園鎮永興里中正路 153 號	1951 年10 月 6 日開幕	陳柳金	2008 年
大同戲院	桃園鎮西門里民族路 41 號	1952 年	簡廷竊	1990 年以前
東方戲院	桃園鎮長美里博愛路 53 號	1959 年 10月 11 日	莊阿明	1999 年
金園戲院	桃園市長美里博愛路 112 號4 樓	1977 年 10月 18 日	林文雄	2003 年
永和戲院、永佳戲院	桃園市中正 270 號	1982 年	陳炎坤	1997 年4 月
高賓戲院、嘉賓戲院	桃園市中正 270 號	1984 年	陳清爐	1997 年4 月

　　1970 年代百貨大樓類型的消費模式在大廟商圈出現，進入另一波榮景。1971 年 4 月 21 日桃園鎮升格為桃園市，同時間邱明於博愛路興建四層樓大樓，一至三樓做為金園百貨，四樓的金園戲院於 1977 年 10 月核准設立。1977 年 2 月永和市場拆除日治初期第一代與戰後興建的第二代建體，興建地上 7 樓、地下 2 層的第三代市場「永和大樓」，九層的複合市場相當熱門，四至七層樓有商場、撞球場、電動

圖十七、金園戲院現況

玩具場、西餐廳、歌廳與冰宮，四樓有永和戲院、永佳戲院，七樓開設高賓戲院、嘉賓戲院。另外 1978 年於永安路、民權路與新生路的三角公園旁開設了正發百貨公司，是一棟地下一樓地上五樓的大型百貨[24]。

---

24 張家蓁，〈二次大戰後桃園市戲院之研究〉（臺北：國立台北大學古典文獻與民俗藝術研究所民俗藝術組碩士論文，2014 年）p.97。

大廟商圈的沒落

　　1975 年開始展開東門溪加蓋工程，隨之在 1980 年於加蓋後朝陽街上的天天百貨開幕。1978 年將縱貫路旁 1-6 號池填平興建桃園縣政府，1980 年 10 月桃園縣政府遷建啟用，原位於火車站前的行政廳舍，包括縣政府（原日治時期桃園郡役所）、市公所（原日治時期桃園街役場）、警察局、衛生局（原日治時期桃園尋常高等小學校）、大禮堂（原日治時期武德殿），全數拆除公開標售。1984 年原縣政府處新建的世界商業廣場大樓中的舊遠東百貨開幕，原衛生所基地興建大型停車場，火車站前百貨公司的一一開幕促成站前商圈的崛起。

　　原先於廟後中正路的市場攤商逐漸形成桃園夜市，白天晚上沿路都有大量攤商與人潮。但由於中正路寬度不足以容納夜市人群、車流，因而產生嚴重的交通問題，1972、1987 年市公所兩度遷移夜市，將中正路尾的北埔路規劃為桃園夜市，把中正路攤商遷移至此，受到非常大的反彈。雖解決了交通壅塞問題，但卻間接導致永和市場人潮接近中午便減少，以往中正路上雜沓的人潮不復見，另外便是為了解決壅塞問題將博愛路改成單行道，如此的政策同樣對景福宮產生不利的影響。再者大廟商圈逐漸老舊，KTV、色情電影、電玩等聲色場所的進駐亦形成推力，加諸於站前商圈的崛起的拉力，使得

大廟商圈開始走下坡。1982 年東方百貨（東方萬利大樓）開幕，一至三樓為百貨公司、四五樓繼續經營東方戲院，卻在短短十餘年後的 1995 年悄然結束營業百貨部門可以看見，大廟口一帶的榮景已不復見[25]。

　　1990 年正發綜合大樓於大年初一發生大火，造成 28 人死亡的慘劇[26]，高層大樓的逃生疑慮導致高層商場與戲院的倒閉與閒置。桃園縣政府 1994 年將永和市場被列為危險大樓，並勒令大樓業者進行改善，市場大樓內生意日益清淡，最後僅剩一樓與地下室繼續有攤販營業[27]。

　　早年具有「桃園西門町」稱號的大廟商圈，就在桃園夜市搬遷、商圈老舊、商業重心轉至火車站與大樓失火等一次次重擊下，昔日繁榮的盛況不再，使大廟一帶蒙上了老舊商圈的印象，商家外移、店鋪空出，原作為整個北桃園地區的消費中心，如今僅僅是滿足周遭居民的採買需求，撐得下的老店繼續死守，撐不下的店面不斷的汰換，就在這樣店面輪替下，十年二十年過去了，大廟商圈曾經的繁榮僅剩下記憶中的繁華。

25 張家蓁，〈二次大戰後桃園市戲院之研究〉（臺北：國立台北大學古典文獻與民俗藝術研究所民俗藝術組碩士論文，2014 年）p.109-110。

26 〈桃市火警 28 人罹難　損失上億元〉，《聯合報》，1990年 1 月 29。

27 張家蓁，〈二次大戰後桃園市戲院之研究〉（臺北：國立台北大學古典文獻與民俗藝術研究所民俗藝術組碩士論文，2014 年）p.107。

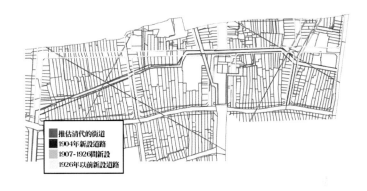

圖十八、博愛路歷史變遷示意圖

推估清代的街道
1904年新設道路
1907-1926間新設
1926年以前新設道路

小　　結

　　透過圖十六的博愛街歷史變遷示意圖可以看見，博愛路如同一條活著的街道，從清代以防禦為主而呈現有機彎曲的街巷，再到日治初期的初步「市街改正」與全面棋盤式規劃的「市區改正」，在一次次變化中博愛路逐漸的從彎曲變成筆直，殘餘的道路成為縱橫街廓中的小巷弄。博愛路亦仰賴著景福宮作為信仰中心所帶來的商業活動而發達，隨著桃園街的發展，從原本桃仔園城內的北側園圃與建築的分界而逐漸成為桃園市最重要的商業重心，再隨著商圈的轉移而呈現如今老舊商業區的面貌。

　　正如同數百年來博愛路每一次的變動與改變，這都
是一個走向繁榮的進程。當博愛商圈的推動展開，有別
於以往，這一次我們意識到以往不曾關注過的，便是這
條巷弄與大廟口所擁有豐厚的歷史發展與故事，而這裡
還留下許多經營兩代以上的老店，還有許多在 1925 年市
區改正後興建留存至今的許多老屋，若能改變傳統的投
資心態，將這些資源與文化化為力量，未來勢必能再造
博愛路超越過往的繁榮。

參考資料

中華綜合發展研究院應用史學研究所總編纂，《桃園市志》桃園市：桃縣桃園市公所，2005 年

郭大玄等編，鄭政誠總編纂，《續修桃園市志》桃園市：桃園市公所，2014 年

桃園街役場，《桃園街要覽》，收入黃成助編，《新竹州街庄要覽輯存》，台北：成文書局，1985。

桃園街役場，《桃園街勢一覽》，收入黃成助編，《新竹州郡街庄概況零存》，台北：成文書局，1985。

郭薰風，《桃園縣誌》，桃園：桃園縣文獻委員會，1962。

篠原哲次郎，《臺灣市街庄便覽》，台北：臺灣日日新報社，1932。

林宏一，《日治時期桃園地區的建築文化資產》，桃園：桃園縣立文化中心，1998。

桃園市公所文化觀光課，《時光長廊：桃園市老照片集》，桃園：桃園市公所，2009。

黃俊銘，《桃園地區日治時期建築構造物建築文化資調研究成果報告書》，桃園：桃園縣立文化中心，1997。

張健豐，《乙未割台憶舊路》台北，海峽學術出版社，2010。

陳宗義，《泛桃舊藏：桃園市百年印象》，桃園：桃園市公所，2001。

蘇家明，《桃園尋跡－桃園市文化資產調查》，桃園：桃園市公所，2011。

論　文

簡逸姍，〈桃園市中心區空間變遷之研究〉，桃園：私立中原大學建築研究所碩士論文，1993 年。

張家蓁，〈二次大戰後桃園市戲院之研究〉，臺北：國立台北大學古典文獻與民俗藝術研究所民俗藝術組碩士論文，2014 年。

楊雪青〈寺廟與地方社會的發展－以桃園景福宮為例〉，桃園：國立中央大學歷史研究所碩士在職專班，2009 年

報　紙

〈史蹟名勝天然紀念物　欲于臺博前指定之北白川宮殿下遺跡卅四處〉《台灣日日新報》（台北）1935 年 08 月 27 日，日刊 08 版。

〈桃園景福宮修築管理遭一部反對〉《台灣日日新報》（台北），1936 年 07 月 28 日，夕刊 04 版。

〈桃園協議修廟〉，《台灣日日新報》（台北），1923 年 6 月 24 日日刊　版次 06。

〈桃園特訊廟址平基〉《台灣日日新報》（台北），1925 年 05 月 30，日刊 06 版。

〈桃園景福宮改築〉《台灣日日新報》（台北），1937年 04 月 27 日，日刊 12 版

〈桃園 舉除幕式〉《台灣日日新報》（台北），1936年 12 年 15 日，夕刊 04 版。

〈桃市火警 28 人罹難 損失上億元〉，《聯合報》，1990年 1 月 29。

〈林家土地整理〉《台灣日日新報》（台北），1910 年06 月 23 日，漢文版 版次 05 版

〈南船北馬〉，《台灣日日新報》（台北），1916 年 9月 26 日，日刊 版次 06 版。

〈城垣改良〉，《台灣日日新報》（台北），1900 年 3月 2 日，4 版。

檔　案

〈道路敷地寄附受納報告〉，國史館台灣文獻館，《臺灣總督府檔案》，典藏號 00004965016。

附表:博愛路史蹟盤點

博愛路北面					
★標示清代建築、◆標示日治時代建築、●標示戰後店家與建築					
現名稱與店家	地址	現況	圖片	簡介	資料來源
	桃園區博愛路2號			●順家電	
	桃園區博愛路4號			●中美西裝號	
	桃園區博愛路6號	部分整建		建於：1927.12	
	桃園區博愛路8號	部分整建		建於：1933.12.10	

	桃園區 博愛路 10號	部分 整建		建於： 1933.12.10	
	桃園區 博愛路 12號	部分 整建			
	桃園區 博愛路 14號	部分 整建		建於： 1921.12.01	
●◆ 和和 明樂 眼 鏡	桃園區 博愛路 18號	部分 整建			
	桃園區 博愛路 20號			●王子皮鞋 號 ●桃園醫院 徐銀格	景福宮 祈安建 醮紀念 誌1973
	桃園區 博愛街 54號			●新幸福館	

桃園區博愛街56號			●照相館	
桃園區博愛街58巷				
桃園區博愛街62號			●頂好	
桃園區博愛街64號			1925.01.01	
			●泰益汽水工廠	
			●國際電髮化妝廳	
			●優美光學眼鏡行 彭〇彩玉 1978.11.01	經濟部商業司商工登記資料查詢公示查詢 財政部營業稅籍登記資料公示查詢

桃園區 博愛街 66號			●一新齒科 　醫院 ●金正山銀 　樓 簡○彩雲 核准設立： 1983.03.02 珠寶、金銀 　飾物 ●遠佟商行 簡○彩雲 核准設立： 1983.09.12 服裝、唱 片、錄音帶	
桃園區 博愛街 68號			●大裕呢絨 　行 徐○新 1973.03.27	經濟部 商業司 商工登 記資料 公示查 詢 財政部 營業稅 籍登記 資料公 示查詢

桃園區 博愛街 70 號			
中正路 207 號		建築年代： 1938.12.08 ●源義發	
桃園區 博愛街 72 號			
桃園區 博愛街 74 號		建築年代： 1938.12.08 ●福美糕餅舖 核准設立： 1960.02.22 負責人： 彭○春惠 ●桃園男裝社	部司登料查 經濟業工資示 商商記公詢 記公詢財營籍 資示 部稅記公詢宮 政業登料查福安 建念1973 景祈安醮誌福

桃園縣桃園市中北里博愛路76號			●福美行 彭○德 核准設立： 1971.08.23 菸酒	
			●三葉女裝社	景福宮祈安建醮紀念誌1973
桃園區博愛街110號	原始紅磚樣貌			
●金園戲院	桃園市長美里博愛路112號4樓		●金園戲院 1977.10.18 林文雄	
	桃園區博愛街120號		●桃園醫學化驗院	

	桃園區 博愛街 1 22 號			●日光照相 館	
	桃園區 博愛街 138 號			●德安藥房	
●福光建築 師事務所	桃園區 博愛街 140 號				
●簡子愛幼稚園	博愛路 142 巷 1 號				
	博愛路 156			柏林 西裝號	景福宮 祈安建 醮紀念 誌1973

博愛路南側				
桃園縣桃園市中北里博愛路7號			●平價皮鞋店 游○娥 核准設立： 1985.04.09	
桃園縣桃園市中北里博愛路25號			●和樂光學眼鏡行 呂○福 核准設立： 1974.06.05	
桃園縣桃園市中北里博愛路29號			●添進小吃店 胡○月英 核准設立： 1976.05.01	

	桃園區博愛路55巷2號（地號：37-1）		建於：1932.12.16 建號：00085000	
	桃園區博愛路55巷4號		●川台書局	
東方大樓	桃園區中正路205		●東方戲院 1959.10.11 莊阿明 ●東方百貨 1982年開幕 1992年結束營業	
	桃園區博愛街67號		●沙茶牛肉店	

★僻竹居	桃園區博愛街69巷17號				
	桃園區博愛街71號			●生佳皮鞋	
	桃園區博愛街73號				
	桃園區博愛街75號			●德生電料煤氣	
	桃園區博愛街81號			●新新皮鞋	
●莊松河醫院	桃園區博愛街89號				

佳麗雅服飾精品	桃園區博愛街91號（地號14-7）				
伊麗兒服飾	桃園區博愛街93號	原始紅磚樣貌			
豪華少爺西服		原始紅磚樣貌			

桃園區 博愛路 101			●倫敦西服 號	景福宮 祈安建 醮紀念 誌 1973
桃園區 博愛街 125 號 （地號 59）	立面 整建		建築年代： 1949.06.15 ●皇冠傢具	
桃園區 博愛街 127 號			●冰菓店	
桃園區 博愛街 129 號 （地號 63）	立面 整建 拉皮		建築年代： 1931.12.25 建號： 01288000	

桃園城大廟街文化
前世・今生・展望
吳智慶/2016

　　台灣北部這橫直山龜崙嶺以南山腳、銅鑼湖口丘陵極北的平原古地，數萬年前受到大科崁溪西溢患濫移動影響，型成南崁溪及平埔地形。這裡原先住民應屬和台北同系的凱達格蘭族坑仔社、南崁社、宵里社，和一支可能從新竹桃園山區受戰亂北竄的賽夏族龜崙社。被稱淡北南崁四社，其發跡地都在南崁溪下中上游北岸處及山中。因人口稀少，沒出過大部落組織。

　　明末年間 1629 年西方強權集團，荷蘭西班牙佔據台灣南北兩地，桃園地區仍未受關注，只有中小型船舟到達現蘆竹南崁溪南崁社口岸，現五福宮一帶進行交易買賣。明永曆 15 年（1661 年）鄭成功率軍渡海攻台，其北路軍駐防南崁，創建武元帥壇五福宮，並開港興聚落商集。

　　桃園古稱桃仔園有其來由,在清治初期的康熙三十六年(1697),旅行家郁永河來台灣由台南至台北北投採硫磺,路經桃園記述;「自竹塹迄南崁,八九十里,不見一人一屋,求一樹就蔭不得」;「途中遇麋、鹿、麂、麝逐隊行」。「既至南崁,入深菁中,披荊度莽,冠履俱敗,真狐貓之窟,非人類所宜至也」。桃園地區最早的正式闢地紀錄為康熙五十二年(1713),移民建虎茅庄於此遍植桃樹,桃花齊開時節,花海一月,乃改稱「桃仔園」。

　　雍正元年(1723)竹塹設淡水廳,淡北地區桃仔園建鄉堡,後造堡城商集街市。乾隆16年龜崙杜歸降,由桃園堡街至興直堡新庄街,北路官道暢通。可惜清治前期將北臺灣視為邊疆地帶。也因為不重視而缺少管理,造就原本族系繁複的桃園地區,閩粵械鬥與漳泉械鬥非常頻繁,並有著非常複雜的合縱連橫關係。

　　桃園建城,始於嘉慶14年由漳州人在桃仔園堡街修築土堡,做為防禦工事。道光14年,富豪姚蓋友,更將土牆改為更堅固的石牆,越八月完成。城高12尺、壁厚5尺、上壁厚3尺、周圍百餘文,以保障桃園市街的安全。桃仔園城堡誌:有營汛在堡外。周圍約四里許,分設四門。清道光十九年(1839),徐玉衡等又倡建東南西北四門,並補修石壁,以加強防禦設施。至於桃園城於何時被拆除,文獻中並沒有記載,但根據1904年之《臺灣堡圖·桃園街》如圖,真正的城牆已消失,僅有以虛

線標示的示意位置，故可推測在日人於推行市區改正及文昌公園建設前時段，明治34年（1900）之前後，已被拆除。

　　1895年台灣落入日本人之手，台灣設置總督府，開始了民政的統治建制。桃園隸屬於台中縣管轄，其間僅1897年6月短期間，新竹曾獨立置縣，桃園改隸新竹縣。之後新竹縣又消滅，桃園又重回台中縣轄區。

　　1950年，台灣實施所謂的地方自治，桃園一地，包括原隸屬於新竹郡的新屋與觀音在內，總數十三鄉鎮，終於脫離多年來與他縣市糾葛不清的隸屬關係，獨立設縣了。自此以後，桃園一詞便與桃園縣之實際管轄範圍完全吻合，成為今日大家所熟知的桃園了。

　　桃園由於地形地質的關係而為台地，遍佈為數很多的人工埤塘供農田灌溉用，因此讓它贏得『千塘』的美稱，也造就了桃園的「埤塘文化」。另一特殊現象是依族群分布及生活圈，分為北桃園以閩籍人士居多，以及粵籍人士為多數的南桃園。桃園2014年12月25日升格為直轄市，名稱定為「桃園市」成為臺灣北部第三個直轄市。

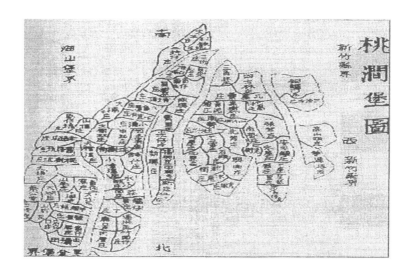

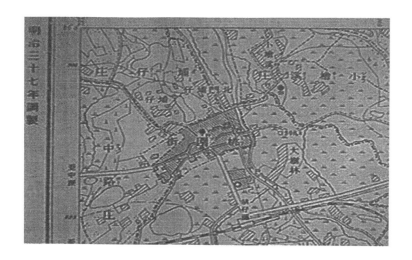

桃園大街廟文化巡禮

景福宮大廟

桃園文昌廟

來到桃園城大街如有專家引領下，就彷彿走進時光隧道，去各個不同的年代探訪不同的人文史跡；每每有不同的領悟和驚喜，除了在地深度旅遊，還可增廣見聞，頗值玩味。由桃園火車站前直行，引導我們到桃園大廟街，這裡是歷史文化古蹟重地，日常生活用品商業區，休閒娛樂繁華聚集區，也是地方好吃美食中心。

桃園曾經擁有古城。桃園建城始於嘉慶14年，由於南崁、龜山一帶的泉州人與桃園的漳州人發生械鬥，於是漳州人在桃園修築

土堡，做為防禦工事。
道光 14 年，更將土牆改
為堅固的石牆，以保障
桃園市街的安全。

西廟（城隍廟）

　　當時台灣各族群之
間，械鬥頻繁，桃園的
漳州人既與南崁、龜山
的泉州人械鬥，與中壢
的客家人也頻生衝突，南門北門，土地紛擾，民生不寧，
自然更需求助於宗教的心靈慰藉了。

　　首先來到已列入國家三級古蹟的『景福宮』，俗稱
桃園大廟。創建清乾隆 10 年，主祀開漳聖王，為桃園市
最負盛名與最重要的信仰中心之一。據說是全台最大的
開漳聖王廟。它座落在中正路與中山路交叉的圓環，面
對著桃園火車站，是桃園市最負盛名的廟宇。

　　景福宮主祀開漳聖王，透露了桃園市是以漳州系閩
南人為主的移民社會。乾隆初期，大墾戶薛啟隆率眾拓
墾桃園，土地初闢，頗受瘴疫災擾，人心不寧，而於乾
隆 10 年（1745）初創本廟，香火源自漳州原鄉。嘉慶
16 年（1811）重修，命名為「景福宮」。

　　廟內恭奉了許多神祇，除了開漳聖王、開漳聖王左
右陪祀二將外，還有天上聖母、觀音佛祖、註生娘娘等
等。在廟內的樑柱及石壁，有著雕工精緻的雕繪，屋頂
則是採用『歇山重簷假四垂』的構造，看來更是氣勢不

凡。殿內也保存著嘉慶 18 年（1813）重修落成時的舊石
柱，正殿神龕上方的匾額「赫聲濯靈」也是嘉慶 18 年的
古物。

景福宮位於桃園古
城的中心點，桃園曾經
擁有古城。桃園建城始
於嘉慶 14 年（1809）。
桃園古城如今已不留任
何痕跡，而粵泉漳之間
的族群紛擾俱往矣，如
今的桃園景福宮，不再
只是漳州人的廟宇，而
是桃園人共同的大廟，
為每一個在這塊土地尋
求安身立命的人提供心
靈的庇護。導入其間觀
察，有待補強則可在廟
內設聖父殿，廟外設桃
園地方歷史文化圖故事
牆。

接著前往距離大廟
不遠的『文昌廟』，它
位於民權路上的文昌公
園內，文昌廟創建於清同治年間，最初淡防廳同知嚴金

清鑑於桃園本地沒有學堂，而與地方士紳籌謀興建學堂，後來嚴金清調任，桃園士紳也因集資困難，而僅興建一棟樓房，做為「文昌廟」。

　　日本統治初期，一度以文昌廟暫充公學校（小學）校舍。明治 29 年（1896），增建前堂及左右廊，成為今日的規模。戰後在此處設置「桃園文庫」，增設圖書室，供民眾閱覽，成為桃園縣立圖書館的前身，參觀時案桌正祭拜《粽子和包子》，以示考試包中之意。

　　每到考試季節，都有不少學子前來文昌廟拜拜祈福。文昌廟正殿（文昌閣）的一、二樓，分祀文昌帝君及孔子神像，案桌前設有放置准考證影本的箱子及祝禱文範例，供學子祈福時內心默唸祝禱。當我們進入正殿時，看到供桌上擺的是芹菜、蔥、蘿蔔、包子、粽子。每到考試季節，都有不少學子前來文昌廟拜拜祈福，案桌前設有放置准考證影本的箱子及祝禱文範例，供學子祈福時內心默唸祝禱。

　　西廟原位於桃園古城西側，所以稱為「西廟」。創建於嘉慶 25 年（1820）。擁有一百八十年歷史的西廟，其廟門步口廊的左右牆壁鑲有幾塊石碑。其中有道光 9 年（1829）及光緒元年（1875）的古碑，由於年代久遠。其中一塊的刻字已漫滅難辨彷彿已被世人遺棄般。雖廟身破損嚴重，給人一種搖搖欲墜的感覺，然而西廟在冷冷氣氛中，卻散發著濃濃的古廟味。

　　探訪西廟途間，遇一八旬老伯熱心穿街入巷引領，

來到簡陋破舊隱身於路旁的小廟，廟匾寫著「西廟」。
民國 39 年，桃園縣因無城隍廟，於是從新竹城隍廟分靈
至西廟供奉，廟內併祀觀音佛祖及城隍爺，廟匾則改掛
「城隍廟」，近年信眾才又重新懸掛「西廟」的匾額。
何謂城隍廟呢？城隍廟是祭祀城神的廟宇。城隍是城池
守護神，「城」原指挖土築的高牆，「隍」原指沒有水
的護城壕。因城內的人民受到城隍保護，故將城隍神格
化成為神而祭拜，也稱城隍爺。

　　西廟旁邊還有一間小廟，廟匾掛著「義民廟」。義
民廟是客籍移民的信仰，這裡祭祀著當年在閩粵械鬥中
為保衛客家庄而犧牲生命的客家先民。或許是座落於漳
州人為主的桃園市區，這間義民廟規模很小，空間侷促。
庭埕冷清，顯得落寞。唯有二株老莿桐樹盡職地分立兩
旁，似乎代人們，向觀音佛祖及城隍爺和義民爺，獻上
誠摯的敬意與歉意。

　　義民廟是客籍移民的信仰，這裡可能祭祀著當年在
閩粵械鬥中為保衛客家庄而犧牲生命的客家先民。主祀
地藏王菩薩，讓這些客家先民們的魂魄有所寄託。或許
是座落於漳州人為主的桃園市區，這間義民廟規模很
小，顯得冷清落寞。

桃園市區土地公信仰

桃園十五街庄福德宮

　　始自清康熙 55 年（西元一七一六年），有福建省漳州府青年阿英師，恭奉本尊「福德正神」，渡海來台謀生，行跡落於今天桃園東門公館頭（民生路與中山東路交叉叉口附近），以土為牆，搭草為屋作為落腳處，草屋坐東向西。按當時本地住戶，零落散佈，阿英師以本處為中心，左肩挑福德正神，右肩挑謀生工具，巡迴於十五街庄內，行商為業。

　　每至黃昏，即擇定一戶為投宿對象，當夜則供奉於

該戶之神堂，同時接受敬膜祈福。春來秋往年復一年，幾十年歲月，阿英師已入耄耋之齡，八十有餘，終於辭逝。地方仕紳齋集議定，恭奉本尊福德正神於阿英師草堂內，以供十五街庄眾善信祈福膜拜。

時至乾隆五年（西元一七四〇年），天運庚申，地方仕紳集議：從阿英師草堂的中間隔開，在右邊興建廟宇，坐東向西，正名為「十五街庄福德祠」，並受到「淡水巡按」武陵亞之賜匾。每年農曆二月初二、八月十五舉行祭典，七月十五中元節則舉行放水燈、設孤坪、普渡孤魂，並於建廟完成後一連三年，依民俗舉行「搶孤」。

民國二十五年，歲次丙丁，因為日本政府（當時為日據時代）拓寬道路，而廟位置正處路中心，被迫遷移，地方仕紳遂集合眾善信，最後大家一致同意：暫時寄放在大廟景福宮內。一直到民國四十年初，地方仕紳楊錦等善信，鑒於台灣已重回祖國懷抱，天下昇平，遂發起重建福廟之議，並由原廟附近熱心人士林、周兩家，在原廟址北方約三台尺右邊，捐獻現址（中山路二號）土地以供作廟基之用。

重建工程進行順利，歷時半年完成，在當年八月迎回本尊，入廟安座，神光顯赫、祈求有應，香火日益鼎

盛，托神福佑，地方日趨繁榮。其後。經過六十年、七十四年兩次增修建，才有今日風貌。民國七十六年蒙縣府應允核准，正名為「桃園十五街庄福德宮」。

東門土地公廟—厚德福德宮

桃園區東園街 1 號旁，據李木榮先生口述，本土地公廟，可能為古桃園四城門之東門土地公，距今已有一百多年之歷史，原廟名為『厚德祠』，原廟址在現民生路 208 巷即福昌街 8 號處。

於民國 78 年，該處土地興建大樓，即將土地公廟改建至現址，並將廟名改為厚德福德宮。該廟每年農曆 2 月 2 日及 8 月 15 日土地公生日時，均有舉辦盛大慶典及吃會（會員約有 3、40 人）活動，由值年爐主負責。

西門土地公廟‧元德宮土地公廟

桃園區中山路 212 號，沿革：元德宮廟為古桃園四大城門之西門福德正神。距今約有一百多年以上之歷史。早期中山路仍為小路時，土地公廟即在現廟前處，為一小廟，為『元德祠』，已有石雕之土地公神像，現奉祀之土地公（婆）神像，已有一百多年。後於民國 61 年中山路拓寬，土地公廟正在路中，劉良舜先生、楊東碧先生、楊阿妹女士、簡德福先生、林丕國先生捐獻土

地，並發起重建土地公廟，並改名為『元德宮』。於民國 62 年竣工，入廟安座。該宮每年農曆 2 月 2 日及 8 月 15 日土地公生日時，均舉辦盛大慶典作三獻禮之科儀，並有吃會（會員約有 3、40 人）活動，每年 2 月及 8 月各有爐主，各別負責。

南門土地公廟—鎮南宮土地公廟

桃園區南華街 82 號沿革：據鎮南宮沿革碑記載，本宮自清康熙年間建小廟迄今，約有二百多年之歷史，為古桃園四城門之一之南門土地公，為南門轄區之守護神。自開拓桃園庄（今桃園區）以來即鎮駐南門城外，歷史悠久，古今皆稱鐵管橋頭土地公。於日據時代，於現址以四塊大石板，一塊作頂三塊作壁牆，內奉祀福德正神，供人祭祀。

台灣光復後，由郭氏柳金婆獻地拓建廟宇，至民國 39 年（1950）初春，地方人士柯萬海先生、王萬壽先生等發起興建土地公廟，並集資改建換向，座東北朝西南，稱福德宮，同年冬月穀旦竣工，雕金身安座，改稱鎮南祠，並成立福德會，管理廟堂，此後有求必應，神威顯赫，庇佑南門善信。

至民國 63 年（1974）初夏，由黃清舜先生、李詩明先生、余阿祥先生、呂阿炮先生等，發起並集資重修，屋頂為鋼筋水泥、飛簷為琉璃瓦，四壁飾以磁磚。再於

民國 75 年（1987），經涂明科先生、徐建發先生、徐鴻元先生、邱捷榮先生、邱政龍先生、賴王傳先生等發起集資整修本宮，修建四面石雕，於民國 76 年《歲次丁卯年》冬月穀旦竣工。並改宮名為『鎮南宮』。

　　至民國 84 年，本宮毗鄰興建高樓大廈，波及本宮牆壁樑柱龜裂，嚴重影響本宮之安全，即由陳明科先生擔負重建委員會主任委員；陳及第先生擔任副主任委員，總幹事李金城先生；委員黃文義先生等發起重建，於同年 12 月 5 日動工，至 85 年 3 月 31 日竣工為現貌。現該廟每年農曆 2 月 2 日及 8 月 15 日土地公生日，均有舉辦盛大慶典及吃會（會員約 125 人）活動。由值年爐主負責。

北門土地公廟─保德祠

　　地址：桃園區永樂街 105 巷內沿革：保德祠土地公廟為桃園古四城門之北城門福德正神，依該廟所遺留清朝嘉慶元年（1796）之木條（供桌上之木條，現已遺失），本宮在清嘉慶元年以前即有，距今已有二百多年歷史。

　　據李太平先生表示，廟附近土地大都為其李、楊家所有（其祖父入贅楊家）。在其小時候，該土地公即在一棵大柏樹下，以三塊石為廟，內供奉石刻土地公神像，即現供奉於廟內之土地公神像。平日均其祖父在管理打掃。在現永和市場（李太平先生稱，該市場在其七歲時

即在現址開始建造，至其十一歲時始完成）至三民路有五口埤塘，其中一口埤塘之水圳流經現金爐旁，當時大廟後之桃源街為一牛車路，但卻是桃園區最早的道路之一。

後於民國 57 年（1968），由李太平先生將小土地公廟改建為較大之土地公廟，約與現廟門同寬。當時廟之左邊為一豆干店，後轉售於木材行。木材行將鋸木材之機台置於土地公廟後，右前方原為華都酒家，後經營不善，轉賣於李六合，後李六合因向議會一位張姓秘書借款，因無力償還遭抵債過戶。

後經多次轉讓，至一位屋主在蓋房屋時，未留通路，牆壁將土地公大門堵住，在砌牆時，牆壁突然傾倒，且屋主一家均不平安；後再轉售另一屋主時，燒香向土地公說願留五尺之道路供信眾出入，土地公有允筊，屋主始繼續興建，但在上樑時，有工人不慎摔下，傷到脊椎至今尚未痊癒，後來亦未住在該處，經多次轉手，現出租於賣豬肉。

另於民國 62 年（1973），李太平先生要改建土地公廟時，有向木材行老板表示要購買廟後其放置鋸台之地，以便擴建，唯老板不答應，並親自燒香向土地公說，廟不用蓋太大，不願出售土地，並擲筊請示土地公，但土地公沒允筊，事後沒多久，該木材行老板身體不適，後老板娘陳曾阿秀女士答應建廟全部之土地由其捐出，故於民國 62 年由楊坤儀先生擔任重建主任委員、李太平

先生擔任總幹事，另有江本泉先生、石朝先生等擔任委員，動工重建土地公廟，並將原向東北向改為西北向，於民國 65 年（歲次丙辰年）竣工落成，民國 74 年再整修成現貌。現該廟保存整修最早之木匾為歲次己丑年（民國 38 年）、丁亥年（民國 36 年）二年代。

　　該廟現有六結土地公會，每結會員約 3、40 人會員共約 260 人。每年農曆 2 月 2 日為土地公生日；8 月 15 日為反清復明紀念日，土地公廟均有舉辦盛大祭典及演戲活動，有關吃會活動由各結爐主負責。

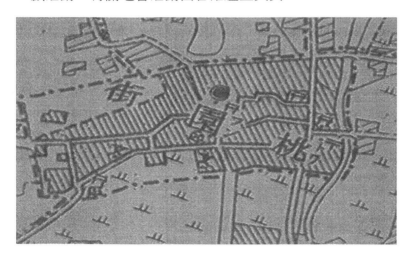

　　來到桃園城內觀光夜市，您將可發覺它琳瑯滿目，有地方小吃、民俗藝品、冷飲、熱食、糖果、茶具等，一應俱全，尤以傳統小吃最具知名度，有潤餅攤、香腸

攤、燒烤攤、鹽酥雞、蚵仔煎、大腸麵線、章魚燒、花
枝羹、肉羹、藥燉排骨、肉圓、珍珠奶茶、烤玉米、貢
丸湯、肉粽和擔仔麵等，每逢傍晚入夜時，由景福宮大
廟後綿延二、三公里的中正路夜市。成為桃園人的好去
處。

開漳聖王景福宮

　　景福宮位於桃園古城的中心點，俗稱「大廟」，是桃園市最盛名的廟宇，為國家三級古蹟。主祀開漳聖王。座落點透露了桃園市是以漳州系閩南人為主的移民社會。乾隆初期，大墾戶薛啟隆率眾拓墾桃園，土地初闢，頗受瘴疫災擾，人心不寧，而於乾隆 10 年（1745）初創本廟，香火源自漳州原鄉。

　　桃園曾經擁有古城，建城始於嘉慶 14 年（1809），由於南崁、龜山一帶的泉州人與桃園的漳州人發生械鬥，於是漳州人在桃園修築土堡，做為防禦工事。嘉慶 16 年將剩餘的建材（1811）重修景福宮。道光 14 年（1834），更將土牆改為堅固的石牆，以保障桃園市街的安全。

景福宮現有「兩殿兩護廊」的格局，是日本時代大正12年（1923）重修的，廟前有寬敞的前埕，前側設山門（牌樓），與桃園火車站遙遙相對，廟埕左右設有四個小牌樓門，埕院前側中央有一座廟池都是歷年來增建或重修的。

外觀最大的特色是前後兩殿（前殿與正殿）的屋頂，都採「歇山重簷假四垂」的構造，在台灣廟宇的建築構造中較為少見。前殿（三川殿）的「假四垂頂」，使景福宮的立面看起來頗為氣派華麗。加上寬敞的廟埕及山門，塑造出景福宮大廟的氣勢。前殿（三川殿）內外的步口廊都有精緻的石雕及木刻，是欣賞的重點所在。殿內也保存著嘉慶18年（1813）重修落成時的舊石柱，正殿神龕上方的匾額「赫聲濯靈」也是嘉慶18年的古物。

景福宮，據說是全台最大的開漳聖王信仰中心。景福宮座落於寸土寸金的桃園市中心，縱深只有兩進，橫寬左右兩護龍而已，就土地面積而言，並不算是全台最大的開漳聖王廟。然而景福宮在漳州人拓墾桃園的歷史過程中，提供了先民重要的心靈庇佑的功能。當時台灣

各族群之間，械鬥頻繁，桃園的漳州人既與南崁、龜山的泉州人械鬥，與中壢的客家人也頻生衝突，南門北門，土地紛擾，民生不寧，自然更需求助於宗教的心靈慰藉了。

桃園古城如今已不留任何痕跡，而粵、泉、漳之間的族群紛擾，俱往矣，只能從土地上，一座座萬善塚、大眾廟或義土堂（塚）的歷史遺跡，感受到當年族群械鬥的慘烈。如今的桃園景福宮，不再只是漳州人的廟宇，而是桃園人共同的大廟，為每一個在這塊土地尋求安身立命的人提供心靈的庇護。

桃園文昌廟

　　桃園文昌廟，創建於清同治年間，最初淡防廳同知嚴金清鑑於桃園本地沒有學堂，而與地方士紳籌謀興建學堂，後來嚴金清調任，桃園士紳也因集資困難，而僅興建一棟樓房，做為「文昌廟」。日治明治 29 年（1896），增建前堂及左右廊，成為今日的規模。

　　桃園文昌廟，距離大廟不遠，位於民權路的「文昌公園」內。文昌公園是一歷史悠久的老公園，闢

建於日本時代，至今已有百年歲月。公園整建為開闊明朗的廣場及草坪，與記憶中的景象已全然不同。整座公園看起來像是一座新設立的公園已無老公園的舊貌。文昌廟，也經過整修，外觀煥然一新。

　　日本統治初期，一度以文昌廟暫充公學校（小學）校舍，並在此處設置「桃園文庫」。增設圖書

文昌廟正殿（文昌閣）

室，供民眾閱覽，成為桃園縣立圖書館的前身。如今的桃園市立圖書館桃園分館就位於文昌公園旁的民權路上。

　　文昌廟主要的信徒是學子及考生，每到考試季

正殿二樓祀奉孔子神像

節，都有不少學子前來文昌廟拜拜祈福。文昌廟正殿（文昌閣）的一、二樓。分祀文昌帝君及孔子神像，案桌前設有放置准考證影本的箱子及祝禱文範例，供學子祈福時內心默唸祝禱。

　　來文昌廟拜拜，合掌祈福，免收費用。若要呈准考證及點光明燈供於案桌神前，則酌收費用新台幣伍百元。哪種方式較有效？則見仁見智，隨個人喜好。

西廟（城隍廟）

桃園西廟、有一間城隍廟，位於中山路 220 號南華

街口，又稱「佛
祖廟」、「城
隍廟」。望見
一座簡陋破舊
的小廟，隱身
於路旁，古舊
的廟匾寫著
「西廟」。西
廟原位於桃園
古城的西側，所以稱為「西廟」，創建於嘉慶 25 年
（1820），關於這間廟的起源，傳說不一，或說是林氏
先民所建，供奉來自中國浙江普陀山的觀音佛祖，一說
是當時桃園墾戶總理姚蓋友在修築桃園古城時，挖出許
多無主墳墓，於是集資創建西廟，以祭祀亡魂。

　　民國 39 年（1950），桃園縣因無城隍廟，於是從新
竹城隍廟分靈至西廟供奉，廟內併祀觀音佛祖及城隍
爺，廟匾則改掛「城隍廟」。直到近年來，信眾才又重
新懸掛「西廟」的匾額。相較景福宮、文昌廟的富麗堂

皇，擁有一百八十年歷史的西廟，彷彿已被世人遺棄般，廟身凋敝，破損嚴重，給人一種搖搖欲墜的感覺。廟埕對街

的廣告牆，色彩鮮艷，充滿春意，西廟卻寂寥冷清，彷彿一座冷宮。然而，西廟在冷冷氣氛中，卻散發著濃濃的古廟味。

　　廟門步口廊的左右牆壁鑲有幾塊石碑，其中有道光9 年（1829）及光緒元年（1875）的古碑，由於年代久遠，其中一塊的刻字已漫滅難辨。由於西廟建築結構已嚴重受損，桃園縣文化局準備以文化資產的名義保留廟內古文物，然後將在原址重建西廟。

桃園義民廟

　　西廟旁邊還有一間小廟，廟匾掛著「義民廟」。義

民廟是客籍移民
的信仰，祭祀著
當年在閩粵械鬥
中，為保衛客家
庄而犧牲生命的
客家先民。或許
是座落於漳州人
為主的桃園市
區，這間義民廟
規模很小，空間
侷促，庭埕冷
清，顯得落寞。
唯有二株老莿桐
樹盡職地分立兩
旁，似乎代人
們，向觀音佛祖
及城隍爺和義民

爺，獻上誠摯的敬意與歉意。

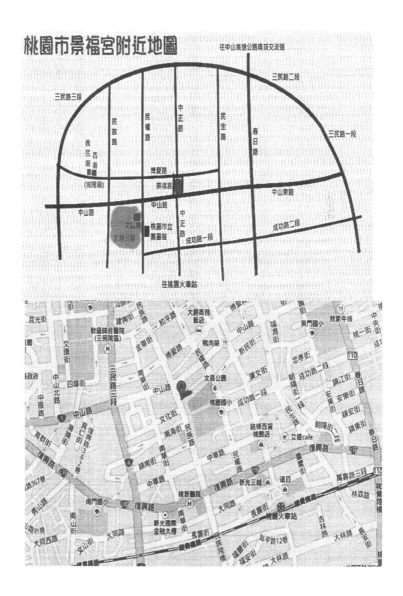